滿足

ZUFRIEDENHEIT

The quest for true belonging and the courage to stand alone

與其追尋幸福，不如學習如何知足

Christina Berndt
克莉絲蒂娜·伯恩特——著
林硯芬——譯

CONTENTS

目錄

推薦序

幸福派VS.滿足派

台大政治系教授　李錫錕

人有悲歡離合，月有陰晴圓缺，人生不如意之事十之八九。我們面對生命起伏的遭遇，應該抱著，或者說選擇去抱著什麼態度？

德國社會學家韋伯（Max Weber）認為對生命的態度，人皆不同，「常常無法互相妥協，永遠沒有皆大歡喜的結論，你只能很果斷地選擇一種！」美國哲學家格史密斯（Joel S. Goldsmith）說：「真理只有一個，但達到真理的目的地卻有很多途徑。」韋伯和格史密斯其實不約而同把生命指向一個目的地——人生除了生存之外的意義只有一個：快樂或幸福，那就是人生的真理。

幸福或快樂的英文都是happy，也許有點抽象，所以心理學家喜歡採用「積極的」（positive））或「消極的」（negative）的「情緒經驗」（emotional experience）

來形容快樂或不快樂的兩極。當然，所有教育或社會化的努力，都是致力於「避免」或「預防」消極的情緒經驗，其次就是「促成」或「鼓勵」積極的情緒經驗。

用簡單的比喻，學校通常用0—100分來評量學生成績：0—59不及格，60及格，60—80分普通，80以上列為優等，95—100列為「卓越」或「完美」。事實是，每個學生都害怕不及格，但大多數學生均滿意於60—80之間，只有少數肯追求80以上，追求95—100者更是鳳毛麟角。令人哀傷的是，這不也是人類社會階層分布的黃金比例嗎？

大多數人的幸福期望值都選擇在60—80分之間，心理學家與經濟學家稱之為「滿足原則」（Satisficing principle）。本書其實就是在合理化這個原則，替這些「知足常樂」的60—80分支持群加油打氣。現代人為了追求財富、地位、名聲而彼此廝殺，導致身心俱疲、百病纏身，本書的貢獻無疑是提供了一個煞車機制。

本書的書名是：《滿足：與其追求幸福，不如學習如何知足》，其實題目本身就含有自相矛盾的意涵。我們要問：創造歷史的英雄豪傑如哥倫布、拿破崙、愛迪生、賈伯斯……他們是追求60—80分還是95—100分？以我個人從事教育工作四十年的經驗，發現「追求幸福過程」所帶來的快樂，遠遠超過「學習如何滿足」所帶來的快樂；我甚至懷疑，知足常樂根本不是樂，只是安全感而已！

本書最有趣的地方是：它達到了「一石二鳥」的目的。它讓知足常樂的支持者心安理得地說：「哇！科學證明我是很健康的人。」也讓追求幸福的支持者感到卓越的驕傲：「哇！原來凡夫俗子這麼安於現狀，難怪他們需要我的領導。」

本書勢必激化幸福派與滿足派的對立，讓他們更加互相不以為然；但也強化了他們各自的選擇：滿足派更拒絕幸福派，幸福派更鄙視滿足派。當然，最快樂的是作者伯恩特女士，她讓每一派都很快樂，她的書也大賣，可謂皆大歡喜！

推薦序

用滿足尋找幸福

臨床心理師　洪仲清

「許多人會努力不懈地追求幸福。令人擔憂的是，他們可能因此而讓自己變得很不快樂，因為他們認為如果不幸福的話就活不下去了。」

～德國哲學家　施密德（Wilhelm Schmid）

知足常樂，是一種老牌而又有效的價值觀，歷經長久世代的考驗，依然是我們人類追求幸福快樂的重要指引。然而，我們大腦天生設定的不滿足機制，讓我們捨棄了這種簡單的方式，越是往外追求，讓我們跟幸福的距離越是遙遠。

所以過得沒有想像中的幸福，好像就變成了人生的一種缺陷。然後越想得到幸福，就越害怕不幸。

「滿足指的是能全然擁抱生命中的所有事情，就連缺憾的時刻都盡可能接受，這樣會達到一種比起易逝的幸福還更值得追求、更持久且更純粹的境界。」

作者所提到的滿足，則更為深刻，更接近這個世界的現狀而非想像。在概念上相對接近臣服與接納，包括看到不幸的價值，這些是存在於古老的歷史，但又是在現代重新被重視的智慧。

藉著認識自己、接納自己、肯定自己，我們滿足於跟自己在一起。減少評斷，減少遊蕩在過去與未來的妄想，專注在當下。

「滿足的標準，完全由個人對於自身的看法，以及對自己生活的看法決定。」

作者引用了跟「滿足」有關的量化研究，想從科學的角度去擴大我們的視野。滿足基本上由主觀來認定，而且可能是種性格特徵，也發現跟遺傳有關，可以被腦科學重新詮釋。

科學研究的好處，是能夠更細膩地去檢證我們的思考，並且試著提出預測與給予有效的具體建議。像是女性常常希望在工作與家務兩方面，能面面俱到，也給自己比較多負面評價，所以建議女性多給自己休息時間，試著獨處，並且進行一些創意性活動，能讓自己從慢性疲憊中恢復。

「假如一個人只是希望幸福，這很容易達到。然而我們總是希望比別人幸福，這就是困難所在，因為我們總把別人想得過於幸福。」　～法國哲學家　孟德斯鳩

放不下比較，讓人難以滿足。每一天都可以是放手的練習，藉著「放下清單」的幫助，我們可以看見放下的好處。

如果放不下，那就好好提起來，找一些對自己有意義的事進行。除了比別人幸福，還有完成什麼事，只對自己有獨特的意義？

作者很用心地在這本書的最後，列了十七項跟滿足有關的練習，把之前章節提

到的概念，一一做了總整理，幫助讀者回顧，並且看到自己可以方便執行的部分。

我自己很在意能跟不同的人事物，有情感的交流。我常傾聽不同朋友的困境，這是我的工作也是我的興趣；我也喜歡跟動物互動，喜歡大自然，喜歡我目前的生活。如這本書所述，我感覺滿足，這種滿足不需要比較就能得到。

誠摯推薦這本書給讀者參考，祝福您，在滿足中感到寧靜，不論您幸不幸福！

推薦序

我們與「滿足」的距離

清華大學生命科學系助理教授　**黃貞祥**

你，滿足了嗎？你被不滿足喚起了嗎？有誰真的滿足了？

你經常重複感到生活當中缺少了什麼嗎？總是有些地方不太對、不太夠嗎？因此老是想要彌補缺陷、整頓現狀，以便多得到一點安樂嗎？你有沒有常常心兜圈子，卻兜得無始無終，而且感到若有所失的思想連續不斷，不斷想過去、想現在、想未來，因而想到厭世？

我們追求的愉悅，會迅速消逝，讓我們只會貪求更多，虛耗光陰去追尋下一個自以為能滿足自己的事物。持續奮鬥似乎很符合現代消費主義社會的價值觀，但人貪圖享樂時，會害怕失去快樂，而殫心竭力求取更多的快樂，或試圖把快樂保住，可是人又一直感到不滿足，而使一切的活動無不由始至終都含有不滿足和痛苦的成分。

我們對長久滿足感的期望，常常比實際獲得的還多。愉悅的轉瞬即逝，會不斷讓我們感到不滿足，這是天擇的結果，也唯有如此接踵而至的不滿足，才會讓我們像吸毒般追求更多愉悅。很殘酷地，天擇並不希望我們能夠得到真正的快樂，而只希望我們能生存和繁衍，也唯有如此，才能把基因傳下去。換句話說，是天擇讓我們難以獲得長期的滿足。

那麼，我們就無處可逃了嗎？如果我們放縱自己單純受控於天擇的結果，去「享樂跑步機」上無止境地追求快樂，那麼我們和一隻穿衣服的猩猩有何實質的區別？身為人，我們有權也有能力決定自己的價值觀，讓自己擺脫那種控制力量，反叛天擇給我們設下的牢籠！

很顯然地，因為天擇的設定，放縱欲望去追求快樂，只會讓我們更不快樂，因為任何快樂都只能是短暫的。我們該怎麼辦呢？本書作者、德國作家克莉絲蒂娜•伯恩特用了許多心理學研究發現，來告訴我們一味追求幸福快樂的惡果，並要勸我們轉而要讓自己感到「滿足」。

伯恩特在書中仔細剖析了大腦發生了什麼事讓我們感到不滿足，還有哪些遺傳因素也參了一腳、又有什麼社會因素來攪局、滿足和追求人生意義有何關聯、當人感到滿足時，身體健康會發生啥變化等等。她在書中提供了一個量表，讓我們來評估自己的「滿足指數」，也讓你測試對自己的現況滿不滿意。然後告訴我們，滿足，是可以學習的。她接著提供我們如何培養增進滿意度的各種具體方法，尤其是讓自己更滿足的十七種練習。

知足常樂，感到滿足並不意味著讓生命停滯不前，而是做自己的主人，不再虛度年華、患得患失地追求一時的快樂，為人生開闢出更光明的康莊大道！

還不滿足嗎？來學會滿足一下自己吧！

推薦序

最大的幸福，來自滿足的人生

斜槓教練　洪雪珍

幸福，已經成為流行詞，幾乎在生活與工作中氾濫成災。

我的書桌前貼了一張卡片，是過生日時同事送的，上面特別用娃娃體寫著四個字：「要幸福喔！」政府現在選拔企業，已經不選優良企業，而是選幸福企業；年輕人買杯珍珠奶茶，也會引用村上春樹的「小而確定的幸福」，縮寫成「小確幸」；鄰居小朋友長大要結婚，我去參加婚宴，看到大家給他的祝福是——

「一定要幸福！」

幸福之外，別無所求了嗎？年輕人會在搖搖頭後，堅定地吐出這句話：

「幸福就好！」

幸福，變成一種追逐。經歷歲月之後，我發現，要幸福不是難事，難的是要一直幸福下去，這就需要一個重要的心理素質：懂得滿足。中國人說「知足常樂」，不僅是時間的淬鍊、生命的體悟，讀了此書，我才知道「寧可滿足」是有科學根據的。

好命？

在我的朋友圈裡，TT是公認最幸福的人，每次看到她，都一派恬淡自在的模樣。當我們在為一些事煩惱無解的時候，她會跳出來，揮揮手說：「想那麼多做什麼！」下一個動作，就吆喝大家：「管他的！走，我們去吃好吃的。」

一聽到好吃的，就像用手機拍照時，輕輕點一下鏡面，每個人的臉瞬間都亮了起來，焦點全部轉到「去哪裡吃？吃什麼？」彷彿在燥熱的夏天，一陣涼風輕輕拂過發燙的臉，剛剛傷透腦筋的事被吹得無影無蹤，沒再聽到有人提起。

之所以有這樣好性情，我們一概認定是TT從小到大一直好命的關係，活在充滿幸福的粉紅泡泡裡，眼睛看出去的，當然也是一個粉紅世界。有一天我突然被雷劈到，發現不對呀，TT並沒有比我們好命，可是我好奇的是憑什麼她活得比我們好命，於是問了一些「人生應該怎樣」的問題。

「妳一出生就被送走，是個養女，照理說妳的成長應該有陰影才是。」

「怎麼會？我的生母住在兩條街外！別忘了，我有兩個媽，比你們都強。」

「妳先生駐外二十多年，聚少離多，妳一人帶大三個孩子，妳應該會抱怨呀！」

「別傻了，他賺人民幣，讓我們能夠過得起好日子，再抱怨就沒道理了。」

問到這裡，我幾乎問不下去，不過轉念一想，很多女人最大的罩門不在自己或丈夫，而是在兒女，他們才是心頭的肉，我就再狠心地往下問：

「妳的兒子，高中讀了五個學校，最後只有高中畢業，妳應該要擔心的。」

「這的確曾經是我心頭最大的憂心，可是他堅持追求畫家這個夢想，每天認真畫畫，只不過收入不穩定。還好住在家裡，我們幫得了他。」

「妳的女兒這麼優秀，結婚對象的學歷與工作都不如她好，妳應該著急吧！」

「會啊！但是又能怎樣？孩子不會聽我的，我還是要照吃、照喝、照睡、照過日子。」

過度期待

若是同樣情況，發生在另一個人身上又會如何？一定怨聲載道！TT的態度截然不同，為什麼她做得到？原因只有一個，她認命，拒絕被「理想人生」給綁架。

年輕時候，和每個人都一樣，在TT的腦海，也有一個藍圖，畫著應該擁抱的「理想人生」。等到腳踏實地活了一遍，TT明白了，真實人生不過是「一直讓步」的人生，非得認清現實、接納自己不可。而放下期待，不等同放棄努力；認命而不認輸，繼續努力，就會越來越有感，正在一步一步接近「理想人生」，她說：「對於人生，我不求『幸福就好』，只求『這樣就好』。」

這就是滿足！人生沒有完美，只有體驗。體驗不會只有一種味道，而是酸甜苦辣一樣不缺；缺了酸、苦與辣，甜就提不了味、吃不出好味道。不要說生活如此，工作亦是。美國在二〇〇五年做調查發現，超過半數的上班族都不滿意工作，原因出在哪裡？美國管理顧問柯斯坦（E.L.Kersten）在《哈佛商業評論》中分析：「原因是我們對於工作有過多的期待。」

一般人的人生，多半來自一個想像的框架，像是理想的家庭、理想的婚姻、理想的愛人、理想的子女、理想的企業、理想的主管、理想的工作……當發現有些地方不合想像時，就像一只木桶，圈箍的木板有長有短，不滿就從短的木板那端傾洩而出，都是因為別人有短處、不夠好，我的人生才會過得不幸福。

相反地，假使我們願意走出想像國度，進入真實世界，接受一切的存在都是剛剛好，就會輕鬆漫步到一個美麗新境界：滿足。

蝴蝶自來

滿足是什麼？就是你不再追逐所謂的幸福，或是用「理想人生」評價「真實人生」，而是活在當下，接納自己、感恩別人。耶穌會神父戴邁樂（Anthony de Mello）說：「幸福是隻蝴蝶，你要追逐牠時，總是追不到；一旦你坐下來，牠就會停在你的肩膀上。」追逐不會帶來幸福，唯有滿足才能。

追逐帶來的是競爭與比較，讓人貪得無厭，只能感受到須臾的歡樂，毀滅原來的美好。在體育競賽中，你認為，金、銀、銅獎三位得主，快樂程度各是如何？根據統計，金獎最快樂，但是最不快樂的不是銅獎，而是銀獎，為什麼？因為——

銅獎得主想的是：「還好，差點掉到三名之外，就不能站到台上領獎。」

銀獎得主想的卻是：「差點就可以拿到金獎，失之交臂，令人懊惱。」

沒有人喜歡被比較，但是每個人都喜歡做比較。跟別人比較，也跟自己的「理想人生」比較，包括考試成績、學校排名、收入高低、住家坪數、子女成就等，不僅人比人氣死人，欲望也沒有填滿的一刻，贏了就快樂一陣子，但是無法持續，像是公司加薪，員工快樂最多不過兩個月。

擁抱滿足的人生，才是最大的幸福。而滿足感，來自於有一個正確而健康的「現實感」，想的不是「幸福就好」，而是「這樣就好」。心理學家說，一個能夠接近現實與風險，而不做空想的人，擁有高度的韌性，同時比較能克服困境。

「大多數人僅僅因為對命運提出了過度的要求，便使自己落入了永不滿足的境地。」柏林大學創辦人威廉•馮•洪堡這樣說。

人生不可能永遠幸福，不然就不是人生。當你抓不住幸福的蝴蝶時，不妨抓住自己的心，安住下來，貼近現實，心就會打開，看到自己所擁有的，而不是自己所沒有的。這時候，滿足就來輕輕敲門，你就像一朵盛開的花，蝴蝶自來，停靠在你的肩上。

前言

知足就是「追求但不強求」的人生態度

「你過得好嗎？」

「我很滿足。」

上面這個與幸福感有關的問題，幾乎沒有人能給出如此簡單直白的答案。即便可以，通常也不會是帶著多愉快的態度，對方在回答時，可能還會皺起眉頭。畢竟這句「我很滿足」當中，多半會隱含著「這麼說吧……」的意思，也就是「某種程度上，我在調適自己，讓自己滿足、滿意。」這幾乎等同於對人生的種種索求舉雙手投降。

不過，幸福卻是我們可以達到的最佳狀態，如果一個人真心且確實地對自己的存在感到滿足，無論外人看來此人過得是好或不好，這些都不重要。如果一個人即便成就不佳，但卻和所有人認為的相反，自覺過得很好；如果一個人不會去惋惜那些已錯失的良機，或去貪圖某種會更好、更舒適的生活，而是在微薄收入或罹患慢性病等外在條件受限的情況下，仍能愉悅度日，同時了解且珍視自己個人的優點，那麼，那些用來衡量成就的尺規、經濟狀況，又或是經由醫療檢查所得的數據分析，又有什麼意義呢？

我們都希望自己與生活能呈現出最好的一面，我們的價值觀也會受到這種想法影響。許多能滿足自己欲望的產品都非常暢銷，我們也不斷思考如何還能更精準、更有效地使用手上的資源，如何能賺到更多錢，或者如何能獲得更多好運。

智慧型手機裡與時間管理有關的APP，總是過分殷勤地不斷提醒著我們自己有哪些計畫，讓我們不會忘記要在運動健身、享受美食，甚至是教養小孩等各方面追求盡善盡美。有越來越多的公司職員為了不再只靠數獨或電腦軟體來鍛鍊大腦，而開始採用化學方式——神經興奮劑。

可惜的是，這樣處心積慮地積極行事，也運用縝密的計畫，結果卻往往未如預期，理想與現實之間最後還是有一大段距離：職位仍在原地踏步，體重也絲毫未減——至少不如我們預期的理想，幸福感也不見上升。

一味追求幸福，可能反而讓我們更不快樂。

是回頭想想人生本質的時候了：我們應該對生命所賜予的事物感到喜悅，而非不斷想從生活中貪取更多。不要總是做著好高騖遠、最後卻會如同泡泡般幻滅的美夢，而是要擬定切合實際的計畫，這樣做不只能讓人感到滿足，也會使人在夢想實現後變得更有自信，讓我們更有動力再制定下一個新計畫並加以實踐。

乍看之下，「滿足」和「幸福」就像同父異母的手足一樣，但前者卻缺乏吸引力與魅力，獲得較少的關注，也沒那麼讓人期待，但它卻是可靠且能長久持續的感受，也是一種平靜而穩定的心境。

滿足也和充滿自信且不斷迫使你前進的幸福感不同，它是隱身在幕後的助手，亦是創意的泉源。它立基於正面的心態與天生樂觀的性格上。以更科學的方式來說，就是較不受腦中負責控制感受的區域所操控，而是由理性來控制。

奧地利克拉根福大學的心理學家菲利普・梅林（Philipp Mayring）曾說：「滿足就是自我認知的結果。」因此，相較於易逝的幸福，我們是否能感到滿足，是可以由自己決定的。

一個人是否知足，完全取決於個人的自我要求以及對人生所求的實現程度。

我們常將自己的實際情況拿來與理想中的人生相比，當差距越小，我們便覺得越快樂，因此滿足是比較出來的。

不過這也意味著，在滿足中存在著兩個可調整的螺絲：我們可以試著去實現絕大部分的自我要求；但另一方面，也可以縮短這兩個螺絲間的距離，降低標準，學會滿足於現況，同時也終結無止盡地渴求能變得更好、走得更遠、爬得更高。

從這兩個不同的層面看來，前者是條通往幸福的進攻式路線，我們奮力前行，因為獎賞就在這條道路的盡頭激勵著我們。後者則屬於退守式路線，我們透過降低要求，讓自己的想法去適應現實。對大部分的人來說，這條守路要困難得多，因為從生物學角度來說，人類天生就具有不斷追尋被認同與想成功的天性，而且也樂此不疲。畢竟在演化過程中，只有能找到足夠的食物，並且不辭辛勞養育後代的物種，才能在物競天擇的法則下存活下來。

進攻式路線在面對許多生活狀況時，無疑是條正確的道路，它驅使我們獲取成就，達到成功，並為此歡欣慶賀。只是這種喜悅往往很短暫，過不了多久，我們又會設定下一個目標，奮勇向前，因而這種方式永遠無法使我們獲得持久且穩定的幸福。

早在古希臘羅馬時代，斯多葛學派的哲學家便教導人們：財富一文不值；不要強求不屬於自己的東西；沉穩與心靈平靜是世上最重要的兩種特質。而東方的宗教及冥想課程也多遵循著與此相同的目標，幫助人們在庸庸碌碌的塵世中找到平靜。

若想要感受「滿足」，也是同樣的道理：我們要練習沉著冷靜、學習放手，並寬恕自己的錯誤與不完美，這些都是很重要的技巧。此外，也不要懊悔過往未曾善加利用的那些時刻，而要把握出現機會的當下。滿足更意味著當我們面對挑戰時，能好好了解自己，從中獲得智慧與洞察力，內心也會因此更加平靜。

而且，滿足是可以學習的。我們可以經由不斷嘗試，了解自己力所能及與力有未逮的部分，進而客觀地檢視自己的計畫，放棄好高騖遠的夢想，並根據現實狀況調整目標。同時我們也可以試著自問：什麼對現在的我來說才是重要的呢？如何找到這樣的目標並且感到滿足？這些都是本書所要闡述的內容。

書中也從科學的角度解讀你是否具有滿足的基因、知足的人為什麼健康快樂，並教你辨識如何得知自己設定的是目標或是空想；當碰到瓶頸時，該前進還是後退。此外還有「滿足指數」的測試，以及十七種能讓自己感覺更滿足的練習，讓你了解自己是否過著令人滿意的生活，又該如何採取行動，讓自己獲得更多的滿足。

為了清楚辨識並實現自身通往滿足的道路，他人的經驗之談將會有所幫助，因此本書收錄九則真人實例，我們會看到人們因為渴求擁有更多的幸福而汲汲營營追求的故事。像是不孕的夫妻期望能擁有夢寐以求的孩子、不缺錢的人仍期望獲得更多財富，或總是用完美主義的標準希望能找到另一半，這些案例說明長期的不知足將會讓人失去更多，而身處這些讓人心力交瘁情境的人們，最後是如何在不放棄自身人生觀與目標的狀況下，放下欲望，找到解決之道，並變得更滿足。

PART 1

你所追求的，
不過是「你以為的幸福」

1. 關於幸福的迷思

人們對幸福的渴望已經強烈到引起哲學家的憂心。「許多人總是努力不懈地追求幸福。令人擔憂的是，他們可能因此而讓自己變得很不快樂，因為他們認為如果不幸福就會活不下去。」德國當代著名幸福哲學家威廉・施密德（Wilhelm Schmid）在他的著作《幸福》當中是這麼宣稱的。他也強調：「在那瀰漫擴散的『幸福恐慌』中，人們（迫切）需要一小段喘息的時間。」

事實上，幸福就是種流行，自從哲學家在兩千年前首次為這種抽象的絕佳心靈狀態做出定義之後，「追求幸福」就成了常態。在大部分的時間裡，人們都認為人生是種學習與歷練，個人的存在被視為一種挑戰，每個人都要盡可能毫髮無傷地通過這場試煉。只有少數人能體悟到，不要竭心盡力使自己變得完美，是多麼寶貴的一件事，這些人不會受到外界的反應與價值觀所束縛，對他們來說，若在擁有足夠的金錢、時間與能量之餘，還無法停下追求的腳步，希望自己能更幸福快樂，這樣的做法，不過是人生的附帶工作罷了。

如今，雖然有許多人可能因為生活與工作壓力倍增，飽受心理疾病之苦，但更多的人在應付日常生活之餘，仍能抽空得閒撥出時間與心力，仿效電影或書籍中角色的行徑，不斷追求物質或精神層面的富足，並認為幸福是一種能力求得來的狀態。人們無法滿足於「足夠就好」，許多浮誇的感受備受推崇，我們要求的不再是中庸，而是要極大值。

但這一切作為對提升幸福感根本無所助益，因為「渴望獲得幸福」會由於這種錯誤的思維而變成壓力，到最後，未能如自己所願永遠幸福快樂將不再被視為理所當然，反而會被認為是種缺陷，並且必須尋求解決之道。

儘管如此，每個人的內心深處卻也都很清楚：歡呼和頌讚都只是短暫的，在擁有不久後就會再度失去。因此幸福感往往夾雜著一種空虛的況味，當感受逐漸減弱時，我們心中就會感到不捨而隱隱作痛。

幸福也附帶有些許的狂喜感受，因此幸福會讓人上癮，它就像在大腦裡種植毒品，在我們「享受」不久後就會變成一種「必要」。為了得償所願，所以人們願意不斷付出。

大腦主宰你的幸福

許多德國人會說，他們常覺得幸福。若問他們在過去一個月是否感到幸福，有至少百分之八的人會回答「很常有幸福的感覺」；百分之四十五的人則是回答「還滿頻繁的」。如此看來，有超過半數的人常能感受到幸福時刻。不過仍有百分之三十五的德國人認為自己只有「偶爾」會感到幸福；有百分之九的人則認為自己「很少」覺得幸福；甚至還有百分之三的答案是「少之又少」。

此數據是出自德國經濟研究院的社經民調，研究者每年都會針對相同的一千一百個家庭裡約三萬名成員提出與生活有關的問題。自二〇〇七年起，因時勢所趨，也開始展開與「幸福」有關的調查。

自從進行幸福感的民調後，受訪者的回答總是驚人地相似：回覆「極常」或「常常」覺得幸福的人數相當持平。這樣的結果顯示：幸福並非稀世珍品，但也沒有成為顯學主流。

為什麼德國人的幸福感不會增加呢？為什麼在這個致力打造幸福的國度裡，覺得幸福的人數始終維持在一定的數量呢？這個答案可想而知，因為：幸福是特別的。人們只有在面對諸如突如其來的好運，或從天而降的驚喜時，才會感受到幸福。

舉個例子。在一定年資後的升職或加薪固然讓人欣喜，但是這種在辛苦工作後於預期之內所獲得的回報，並不會讓人產生極大的幸福感，因為極度的幸福感只有在喜從天降時，人們才會感受到，那是可遇而不可求的。

幸福是種人們所能擁有的絕佳感受，也是種獨特且難以預測的體驗，我們的身體為之付出了一切（請參考第五章「大腦主宰你的幸福感」），因此只有在人們遭逢某些獨特之事時才可能出現過激的反應。如果身體對稀鬆平常的事就顯得極其敏感或表現激動，這會是很荒謬的。

德國作家卡爾‧古茨科（**Karl Gutzkow**）曾以超然的態度這麼寫過：「塵世間的幸福，就是不幸並未時常造訪。」幸福既非常態，又無法持久。「從此過著幸福快樂的日子」不過是童話世界裡的幻想——或者該說，這裡的「幸福」其實指的就是「滿足」。

曾研究幸福成因多年的腦科學家曼福瑞德・施彼策（Manfred Spitzer）指出：「我們並非生來就會感受到幸福。」他認為幸福感主要是一種大腦的反應，在某個幸福的瞬間，我們腦中的控制中心發現：「哇！這真是美好的一刻，它比我預期的所有事情都要美好。我現在要通知身體，讓它知道人生竟能如此美妙，而且它應該朝這個方向努力。」

當我們無預期地遇到某些好事時，幸福的感受是最強烈的；幸福感也可能是一種在我們非常努力達到目標後的獎賞，大腦在這兩種情況下都會大量釋放多巴胺、內啡肽與催產素等幸福荷爾蒙。尤其是多巴胺，它會激勵我們，讓人產生繼續創造佳績的動力。

除了感到驚喜和獲致成功之外，每當充滿壓力、挑戰甚或是具威脅性的情況結束時，我們也會覺得特別愉悅，血液中的壓力荷爾蒙，即腎上腺素與皮質醇的含量會下降，人便放鬆下來，體內會充滿舒適且愉悅的幸福感。

也就是說，幸福其實是種化學反應，雖然這種說法聽起來不太浪漫。讓這些美好感受蔓延開的，就是「生化變化」，但這卻會造成一種無法避免的後果：在下次的幸福荷爾蒙有空間釋放出來前，幸福感必定是處在極低的狀態。反過來說，如果下降的壓力荷爾蒙引發美好的感受，那麼這種讓人感到不適的荷爾蒙之前必定已經蘊藏在我們體內。也就是說，讓人心情愉快輕鬆的感覺，只會在我們承受壓力之後出現，我們也只會在努力終得回報後，才能體悟到皇天不負苦心人的喜悅。

若沒有之前的緊繃、焦慮與壓力，便不會產生幸福的瞬間。一如施密德曾說的：「若我們未經歷過努力、艱難，甚至是痛苦，就不會感受到喜悅。如果只有快樂的感受單獨存在，那麼它便毫無意義。」當你越是不快樂，在事過境遷後，幸福感多半就會越強烈；當我們越渴望達到某一個目標，在終於達成時就會越心滿意足。

也就是說，就生理而言，幸福狀態是無法長久維持的。大腦製造愉悅的信息，會一再經由身體重造，並為新的幸福時刻創造出空間。

雖然幸福無法天長地久，但是我們還是必須讓它駐足更久。如果我們自己就是幸福，相信我們不會希望就此和自己擦身而過吧！

幸福不要太多，剛剛好就夠了

然而，太多的幸福對我們來說或許是無法承受的。一九五〇年代中期，美國心理學家詹姆斯・奧爾茲（James Olds）在哈佛大學裡利用白老鼠所做的實驗，首次發現老鼠會因為無法承受太多幸福而不支倒地。其實他原本的目的只是想研究學習能力，不過卻意外發現當腦部某個特定區域受到刺激，進而產生特別舒適愉悅的感覺時，老鼠竟無力招架。

因為腦部的刺激也是一種電流，就算這是因荷爾蒙所導致的作用，最後還是會引起脈衝電流。在該實驗中，奧爾茲發明出一種設備，在按下按鈕後，可經由電極刺激老鼠腦中的某個區域，產生脈衝電流，也就是如今被稱為「犒賞中樞」的地方。只是他當初完全沒料到，這個實驗會對意志力與生趣造成過重的負荷。

這個實驗設備的獨特之處，是老鼠可以自行操作那顆會讓牠們產生幸福感的按鈕。這些小動物充分善用這個裝置，每小時多達八千次，而且時間持續一整天，直到牠們筋疲力竭而昏厥為止。對幸福感的高昂興致讓牠們廢寢忘食，也毫無性欲。除了期待下一次短暫的狂喜來臨之外，牠們什麼都不在乎。

此實驗不僅證明犒賞中樞的存在，也直接說明幸福是會讓人上癮的，而且一味追求幸福將會遭致毀滅。若只專注於不斷追尋刺激與亢奮，就會忘記顧及自身的基本需求，正因為如此，人類和動物的大腦才會為幸福設置終點。也就是說，我們的身體組織是以達到身心平衡為目的，因此腦中的開關電路很快就會冷靜下來。

單就生理層面來看，幸福應該是能確保生存的，像是吃營養的食物、從事性行為，或因親近愛慕之人而心花怒放時，都能感受到幸福。不過前提是這種幸福感的強度必須持續遞減，否則人類可能會失去衝勁，停滯不前。因此，對幸福保持期待與興趣，是種能讓人進步的鞭策與推力。

然而，這種進步動力的缺點是，如果獲得幸福快樂易如反掌，那麼對幸福的追求很快就會讓人成癮，就如實驗鼠會不斷按下按鈕後以獲得狂喜，或是吸毒者無法克制地想要藉由吸食毒品獲得快樂的錯覺，甚至是沉浸在能不斷滿足我們各種欲望的歡樂時刻。

「在這個以消費為導向的社會裡，我們總是不斷追尋可以帶來歡快的刺激。」曼海姆精神健康中央研究院成癮行為與成癮醫療醫院的塔格莉德・雷梅那格（Tagrid Leménager）這麼說道。快樂對我們而言，是件輕而易舉的事，像是買支新手機、享受一趟美好的旅遊假期、參加刺激的體驗活動等，都會讓人很開心。但我們也會很快就對原本讓人期待不已的事物感到習以為常。雷梅那格認為，「為了持續製造同樣美好的感受，我們希望能獲得更多，包括更多金錢、更多派對、更多假期。」正如同毒癮患者必須不斷提高毒品的劑量一樣，那些無限上綱且永無止境的幸福追求，或許就是社會富裕所導致的後果。

不只是新事物會失去吸引力，就連美好的體驗也會逐漸褪色。當那些曾非常吸引我們的事物以同樣的形式重現時，只要它們每出現一次，我們心中的歡欣鼓舞都會減少一些，最後，幸福感中的驚喜消失無蹤，更夾雜了「原來，也不過就是如此」的惆悵與感嘆。

這就是人們之所以在幸福頻繁出現時會逐漸感到麻木的原因。當驚喜一再發生，已不會讓人再感到意外，身體和心靈會開始算計，期待能獲得不同於之前的更美好感覺。此時，對於不追求「滿足」而是追求「持續性幸福」的人來說，剩下的可能只是失望。

越追求幸福，就越害怕不幸

即使天天吃魚子醬，也會有膩的一天。大腦需要新的刺激和改變，才能感受到喜悅。

假設一個第一次和新女友一起上市場買東西的男人，在發現對方喜歡吃煙燻火腿和松露豬肝腸後，每個週末都去買這些食物來討女友歡心。最遲到了第四週，回報他的只會是勉強擠出的應付笑容，而非發自內心的感動。

即便發生極具影響力的重大事件，就長期來看也不太能改變人們的幸福感受。許多研究證實，在生命中產生關鍵作用的幸福衝擊，在不久後就會降到一般程度（相較之下，不幸福所帶來的影響，卻可能造成明顯的副作用）。例如中了高額樂透獎金的人，在過了十八個月後，並不會比沒中獎的人快樂。法國經濟學教授丹尼爾・寇恩（Daniel Cohen）說：「人類的適應力是非常強的，我們很快就能習慣新的生活狀態，即使是薪水上漲兩倍這類的好事也一樣。剛開始我們也許會很開心，因為我們未來將能負擔多玩兩週的度假費用。但是不消幾個月，這種轉變對我們來說就會變得平淡無奇，沒什麼特別了。」

幸福就是這樣，始終只能短暫維持。不斷想要感受幸福也意味著，「永遠幸福快樂」的想法會是個巨大的挑戰，為了再度體驗幸福，生命中必須不斷出現讓人意想不到的正面變化。美國社會心理學家菲利普・布里克曼（Philip Brickman）就將不斷渴求更多事物的情況比做跑步機。他認為，人們猶如踏在一台「享樂跑步機」

上，我們永不止歇地跑著，卻始終停留在原地。在極樂感短暫飆升後，我們的幸福指數又回到了同樣的水平，重返它一直所在的位置。

人們長期處在一種持續「自我優化」的狀態中。我們相信，一切都有可能變得更好。但在通往完美之路的過程中，我們會逐漸發現，我們永遠不可能臻於完美。人們越是努力追求幸福，體驗到的幸福就越少；越是算計成就，成就能帶給我們的快感就越少。幸福永遠帶著空虛的況味，一旦人們到達長期嚮往的終點時，下一個目標馬上就浮現眼前。就如耶穌會神父戴邁樂（Anthony de Mello）所說的：「幸福是隻蝴蝶，你要追逐牠時，總是追不到，一旦你坐下來，牠就會停在你的肩膀上。」

因為人們深知幸福稍縱即逝，所以在經歷每一個美好的瞬間時也戒慎恐懼，擔心快樂的感受不久後就會再度消失無蹤。越追求幸福的人就會越害怕生命中的不幸，因為這些不順遂會擾亂他的計畫，危及那些美好又無憂無慮的生命時刻。

人生最重要的任務就是「活著」

現在人們追求的或許已不再是金錢或名利，而是幸福。許多人在面對「生命的意義」這樣的問題時，都會回答：「幸福就好。」這乍聽之下似乎是種進步，因為這代表人們已然拋開那些世俗又變化無常的目標，如升遷、地位，甚或完滿的人生，但事實上這卻已經變成了一種新的迷思。

對此，維也納應用藝術大學的哲學教授羅伯特・佩法勒（Robert Pfaller）建議，人們應該自問「為什麼？」而非「有何意義？」不是問「活著的意義為何？」而該問「為何而活？」即便這兩個問題看起來極為相似，但答案卻是徹底不同：「為什麼」並非要是什麼偉大的理念，或是能讓人終生追隨奉行的重大使命。

他更進一步闡述：「關於『為何而活』這個問題，乍聽之下彷彿是種高層次的哲學挑戰，但答案其實一點都不難，例如可以是為了和朋友喝咖啡聊是非、暢快地游個泳、在輕鬆的社交聚會裡喝杯紅酒，或是充分感受溫柔或愛的時刻。」這些時光都能讓我們覺得「活著真好」。可能還有很多時刻我們也會有同樣的感受，但無論是何種情況，只有在我們能夠察覺到這些時刻的存在時，人生才有價值。

「我們最重要的任務就是活著。」法國哲學家蒙田曾這樣說。若按佩法勒的說法，活著的任務還包括要在生活中「發現某些值得堅持的事」，而不是只有那些一般人認為會讓生活更美好的結婚、升遷、再生個小孩等人生規劃。

然而，對許多人來說，在這個科技日新月異，似乎凡事無所不能的世界，要去享受簡單純粹的時刻卻是件難事。這個時代的精神讓我們相信，只要夠努力，沒有辦不到的事。自古羅馬時代就流傳著這樣的說法：「人人都是鍛造自身幸福的鐵匠。」心理學家暨諾貝爾獎得主丹尼爾・康納曼（Daniel Kahneman）也說：「學習珍視你所擁有的（以及曾擁有過的）！」雖然這樣做並不會讓人感到欣喜若狂，但卻會帶來極大的滿足感。

別人都過得比我好？

對幸福的欲望會讓人上癮、生病、變得貪得無厭，只能感受到須臾的歡樂。我們或可因此歸結幸福研究的結果，認為幸福只是偶然，於是轉而尋求滿足。

不過與幸福有關的研究，告訴我們的不只是幸福議題當中上述那些令人不快的認知，對於想從滿足當中獲益的人來說，幸福研究也能增長其知識。

事實上，幸福研究與「滿足」有極大的關聯，科學家之所以這麼喜歡用「幸福」這個詞，是因為對大眾而言，「幸福」聽起來感覺特別美好。全世界的幸福研究團隊和幸福實驗室研究的往往不是幸福（happiness），而是「生活滿意感」（life satisfaction）或是「主觀幸福感」（subjective well-being，SWB）。這種感受主要包含的幸福，是由歡樂和興奮時刻所組成，同時它也會蒙受負面情緒的傷害。如此看來，一個人如果對自己的人生（包括工作、愛情、家庭等不同領域）感到滿意，並且他所有的情緒與感受是正面多於負面，也就是比起罪惡感、憤怒或慚愧，他更常感覺到喜悅、欽羨與活力時，此人的主觀幸福感會特別強烈。

此外，人們也會在自覺高人一等時感到滿足。我們總是不斷在比較，希望自己擁有的比別人更多，更有聲望、更成功，也更有錢。幸福就等同一場競賽，在人生奧運會上勝出的人就是幸福的，無論他是天生命好還是因著個人的努力。美國記者兼諷刺作家安布羅斯・比爾斯（Ambrose Bierce）就曾將「幸福」定義為：「看到別人的不幸便湧上心頭的愉悅感。」

我們感受不到幸福，是因為我們追求的不是「幸福」，而是「比別人幸福」。

放下「比較」，就會比較幸福。在這種認知之下，我們可以藉由轉念，讓自己受益，例如自覺並主動加入較低階的比賽組別。競賽會讓贏家欣喜，金牌得主更感興奮，倍覺榮耀。不過根據研究顯示，銀牌得主絕非第二群最開心的人，事實上，他們比只獲得銅牌的人更不快樂。因為銅牌得主會對於自己居然還有機會能站上領獎台而感到驚喜，與其他未獲獎的運動員相比，他們已經很心滿意足了；相較之下，銀牌得主卻無法不為那失之交臂的金牌而懊惱不已。

這代表著，我們要讓自己對人生的看法轉個彎：不要在甲組聯賽裡白費力氣，因為在那裡我們永遠只能墊底；當我們改到乙組聯賽而能獲得較好的名次時，感受會更棒。

此原則也可運用在其他生活各個層面。例如選擇居住環境時，如果一輩子都夢想著有朝一日要住在慕尼黑格林瓦爾德區——註，即使傾家蕩產也在所不惜，最終會發現，真正的富豪只需要花九牛一毛去支付他們的高級別墅，但對於打腫臉充胖子的人來說，這種不斷羨慕和效法有錢人的行徑，是不自量力的「負債式享受」方式，猶如在心中插了一根欲壑難填、無法拔除的針刺。

賓州大學的社會學家格倫・費爾布（Glenn Firebaugh）與馬修・施羅德（Matthew Schroeder）透過調查發現，金錢正是一種可以用來檢視周遭其他人的方式。該調查定期詢問超過兩萬三千位美國人覺得自己是「幸福」、「還算幸福」或是「不太幸福」，結果顯示，普遍而言，富人會比窮人幸福。不過，與同儕團體的其他人比較卻是更重要、更有意義的，人們會特別注意和自己年齡相仿之人過得好不好，認為這輩子也應該按照自己的信念去完成與同輩成功人士類似的目標。也就是說，個人的滿足感是相對的，視你和「真實」同儕比較的結果而定。

相較之下，住在富裕或貧窮的國家，對一個人是否覺得幸福幾乎不太有影響。篤信佛教的國家，與受到基督教影響的社會相比，經濟是否繁榮對他們而言也並沒那麼重要。此外，我們只會在乎自己是否比同齡的同事或鄰居富有、過得更好，在十萬八千里外的遙遠國度裡即使再多有錢人，我們也不會在乎。

我們討厭被人比較，自己卻老愛與人比較。人們的不滿與自卑，都是從「比較」中產生的。你常常旅行嗎？你住什麼樣的房子？婚姻狀況還不錯嗎？工作有什麼成就呢？當我們在這些比較中屈居下風時，心裡當然不好過，因此我們對於與

註：Grünwald，是全德國最昂貴的住宅區之一。

人的比較要有所節制，因為永遠都會有人比我們有錢、比我們成功、比我們英俊美麗。如果我們只將這些人當成目標，將永遠都不會知足。

掌握人生自主權

能夠決定自己的人生是非常重要的。跟一個永遠只能執行他人想法、當個助手的人相比，能夠決定自己行為的人，在成功時更能享受自己的成就。人生中最大的責任，就是要敢於擁有我們造成的結果，並對自己負責，如果你想要得到幸福，也必須為自己行動與否負起責任。

無法自主選擇甚至還會影響健康。據研究顯示，在政府部門裡，一個職位較低的人與他的上司相比，其罹病的風險較高，甚至還會早死。相對地，位高權重者反而比較長壽且健康。

有一個與美國總統有關的研究也得出同樣的結果。大家可能會認為堪稱全世界最有權勢的人應該承受了足以致命的極大壓力，畢竟我們都可以看到柯林頓和歐巴馬的頭髮在其任內都迅速變白了。不過普遍來說，這些國家元首都沒生什麼重病，他們活得和其他人一樣久。自喬治・華盛頓以降，所有已逝美國總統的平均死亡年齡，與同輩男性的平均壽命相較（當然不包括那四位被謀殺的國家元首在內），顯示國事壓力並未影響他們的健康：這些總統的平均年齡為七十三歲，而一般人的平均死亡年齡則落在七十三・三歲，兩者相去不遠。

不過我們若想盡情享受控制的感覺，倒不必像他們一樣擁有掌握核武的權力，只要我們對大多數的事情具有決定權，便有益於情緒穩定及身體健康。例如住在養老院的老人如能自己選擇食物，或一起決定下次踏青的地點，就足以減輕他們的壓力，甚至還會降低養老院裡安養者的死亡率。

與其追求幸福，不如懂得知足

從以上的種種論述看來，幸福顯然是稍縱即逝的美好，快樂也正如字面上所示，是「很快失去」的「樂」。「從此過著幸福快樂的日子」的期待，雖然已經被判定是個敗局，但我們還是希望能擁有完滿的人生。在這種進退兩難的情況下仍有一條出路，即追尋另一種形式的幸福：追尋一種即使面對生活中的不如意也能接受的狀態；追尋「夠好就好」，而不必永遠達到完美的狀態。

人生總有高點與低潮，在幸福時刻過後，我們終會回歸到不好不壞的平淡期，或甚至不幸遭逢突如其來的意外，讓人瞬間跌入情緒谷底。不過其實每天都會發生點點滴滴的小事，它們組成了豐富多彩的人生。研究也證明，人的幸福感有七十五%是取決於這些生活中的小事，所謂的「人生大事」，對幸福感的影響，只有不到二十五%。如果我們以溫柔的心去看待，它們絕對可以被視為生活中的幸福。例如在晨光中喝杯香醇的咖啡、在工作遇到難題時同事即時伸出援手、坐在窗邊看著灑入的暖陽等，如果我們能享受這些小確幸，那麼一整天都會感覺自己是在幸福中度過，即便遇到生活中的不順遂，像是沒帶傘卻遇到天降驟雨、回家途中購物紙袋突然破掉讓東西灑落一地、上司心情不好擺臉色給你看……等倒楣透頂的事，也能一笑置之。

我們都深知，人生不可能事事如意，比壞運更令人感到不安的，往往是恐懼，我們害怕擔憂事情未能如預期般順利。然而人生不可能都按照計畫進行，不想面對挑戰的人，最後就會放棄冒險，停止嘗試。

一般人總是求樂而避苦，但人們看到的經常只是表象，有許多事情其實無法馬上論斷是幸福或是不幸。某件事也許看起來很有勝算，但可能最後卻產生出乎意料的大逆轉；相反地，極為不幸的事件，有時反而會發展出完全出人意料的契機。得到未必是福，失去也不一定是禍。沒有挫折就無法累積智慧，沒有付出就難以有所收穫，這正是所謂的「禍福相倚」。

滿足指的是能全然擁抱生命中的所有事情，就連缺憾的時刻也都盡可能接受，這樣會達到一種比追求易逝的幸福更持久且更純粹的境界。日常生活中無論酸甜苦辣的經驗，大風大浪的考驗，只有全都體會過，才是真正地活著，也才能體會到真實的人生。

壞心情的正面力量

人生不可能永遠快樂，不然就不是人生了。然而，現在我們總是褒揚正面情緒，貶低負面情緒，好像負面情緒都是不必要的情感。事實上，負面情緒是生活不可或缺的一部分，暫時性的情緒低落，只要不過分激烈，又沒有持續太久到令人無法自拔而形成心病的話，一定程度的憂鬱其實是有好處的。

根據科學研究顯示，當人們心情不好時會比較愛批評，這是因為此時他們看事情往往更深入。消極的情緒也可以增加人們解決問題的能力，在某些情況下，強烈的消極情緒甚至可以讓人產生強大的反思與毅力，發揮更多的創造力。

反應更靈活

近年來科學家們一再證實，悲觀者的反應往往更靈活，當他們身陷出乎預期的處境或必須解決某個難題時，也會比樂觀的人更容易成功。

雪梨新南威爾斯大學的社會心理學家約瑟夫・福加斯（Joseph Forgas）就指出：「許多人平時就會事先設想面對問題時的應對方案，不過當他們真正碰到難題時，卻被焦慮的情緒卡住，而將預想的計畫暫擱一旁，另外去想解決之道。」這是因為負面情緒會讓人懷疑自己與他人的想法，以及自身固定的行為模式。

心理學家稱我們發自內心深信不疑、且往往是負面的這種想法為「信念」，例如「我停車技術本來就有夠爛的！」或是「我根本沒有音樂天賦」。我們太常給自己這些負面的自我暗示，而完全不願嘗試練習停車或唱歌，又或者在嘗試後很快就放棄。不過當我們心情不佳，且身處具有挑戰性的情況時，心中放手一搏的警鈴卻會響起，我們會將舊有的信念全都丟在一旁，因為負面情緒會激發出更符合現實狀況的思維，讓人進行更具適應力及批判性的思考，而不再依賴那些之前已確知的知識常理和既有的刻板印象。

我們的身體也會把負面情緒當成了一種溫和的生理警訊：「注意，你現在所處的情況令人覺得不舒服！你要留意一點，這是個挑戰！」處在這樣的情緒裡，我們會更加留心外來的訊號，以便更小心謹慎地應付狀況。

相反地，心情好的人並不需要去留意周遭發生的事。因此傷心、沮喪的人會更容易受外界影響，而開心的人則自有定見，就這點而言，負面情緒的確會激勵人做出決策，提出更多的解決辦法，增加創造性的提案。

更能融入社會

這種「負能量心理學」還有一種令人不可置信的結果：愛發牢騷以及多愁善感的人，會比那些總是散播正能量的人更容易融入社會。至少許多檢測慷慨與正義的研究都證實，人們在猶豫不決時，反而更願意相信愛發牢騷與多愁善感的人。

更具忍耐力

情緒負面者的耐受力也不差，他們會在有求於人時展現得更有禮貌。相反地，樂觀之人容易對人無禮，因為他的正能量會讓他有時不知該如何拿捏分寸。

例如，有位教授曾在他的研究中，請學生針對「是否該提高學費」這個具爭議性的議題寫一份辯護陳述。結果顯示，內容較具說服力的，是那些具有負面情緒的學生所撰寫的報告。這些學生會運用委婉的文字，也會提出更具說服力的論點，因為他們的負面情緒似乎增進了他們的創造力。事實上，許多重要的發明與藝術佳作，也都誕生自一種悲傷或憂鬱的狀態。

記憶力更好

憂鬱還會讓我們的記憶力變得更好。在研究中，心理學家讓受測者觀看悲傷的電影，或請他們陳述某個讓他們感到難過的情境，接著他們必須到某間商店裡逛逛，並且盡可能集中注意力。測試結果顯示，帶有負面情緒的人會注意到更多細節，這或許是因為大腦在情緒負擔下會釋放出更多的壓力荷爾蒙，促使腦部的神經元更緊密連結，進而增強記憶力。

情緒低落的人若看到有人起爭執，也比較能發現問題所在。而難搞的人之所以對外界事物的看法較具批判性，是因為他們的個性謹慎而細心，不會盲從。相反地，開朗的人比較會相信他們聽到與看到的所有事物，心理學家稱這種現象為「認知放鬆」，也就是當人們心情好時，會覺得凡事都輕而易舉，並且立即就傳訊告知大腦：一切都在掌控中，安啦！

以上的諸多結果都顯示，悲傷的情緒能讓大腦更容易專注在資訊的處理上，痛苦可以喚醒意識、思考與創造力，負面情緒使我們更容易應付遭逢的挑戰，提高專注力和謹言慎行。

所以，我們必須學習擁抱痛苦，面對傷痛，這些負面情緒能讓我們變得更謹慎、更懂得如何與人相處、變得更強韌，而這些錯綜複雜的感受，也豐富了我們的生命。

當你無所求，才會無所不有

「壓力」一詞，是匈牙利籍的奧地利醫生漢斯・塞利（Hans Selye）在一九三六年首創的。他認為負荷與壓力也可能有好的一面，他指出：「日常生活中的壓力可以分為兩種，一種是正面又有益處的『優壓力』（Eustress，源自希臘文的好eu），另一種則是負面的『劣壓力』（Disstress，源自拉丁文的不好dis）。根據當下的各種條件，壓力會隨著預期與非預期的結果接連而至。」

好壓力能讓人集中精神，在最佳狀態下解決困難，展現最好的表現，甚至到廢寢忘食的地步。這種狀態被芝加哥大學的心理學者米哈里・奇克森特米海伊（Mihaly Csiksentmihalyi）稱為「心流」（Flow），也就是「在此種狀態之下，意識會敏捷地運作，與行動無縫接軌。」在這種令人沉醉的舉動中，會出現一種忘我的愉悅感受，我們全然沉浸在自己所做的事情裡。心流並非是狂喜的幸福感，而是種最持久的美好感受，是種天人合一的感覺，也是純粹的滿足。

因此，只有當人們停止想方設法企求幸福時，才會真正感受到幸福。早在二千五百年前，中國的哲學家老子就說：「知足之足，常足矣。」當生活中剔除欲望，時時感受到滿足，這才是真正而長久的幸福。也就是說，老子所認為的「幸福」，基本上就是「滿足」。

幸福往往被視為是個必須汲汲營營追求的目標，因為我們自身缺乏，又或覺得不夠幸福，才需要不斷從外在探尋和獲得。我們會透過各種方式，無論是物質層面的賺錢、升遷、換屋，或是從心靈著手的閱讀、冥想、練習正念等。或許我們會因此短暫地感覺到幸福，可是當事情進展不順利時，我們又會重新墜入自怨自艾的狀態中。如果幸福是要靠追求才能獲得，那麼「追求」將是永無止境的，這也代表要擁有持久的幸福是不可能的。

人的一生不在於擁有多少，而在於心理的滿足，也就是知足常樂。滿足一詞源自「平靜——註」是其來有自的，那是一種內在的平和，一種心靈的平靜，而且是可以藉由訓練獲得的（詳見第三部「滿足，是可以學習的」）。如果能夠逐漸體悟這種感受，即便在痛苦萬分、傷心欲絕的時刻，仍能平心靜氣地面對世界，這種人對於快樂與否的問題，將會報以「比快樂更好，我覺得很滿足」的回答，而不是

註：德文的滿足為「Zufriedenheit」，平靜為「Frieden」。

「就這樣吧！」的答案。因為他知道，除了感到滿足之外，不會有更棒的事情了。
幸福？那完全是被高估的事！

2. 測試你的「滿足指數」

滿足的標準，完全由個人對於自身的認知，以及對自己生活的看法決定。當然，來自他人立意真誠的讚美，可以讓人發現自身優點，變得更有自信。但如果人生並不順遂或遭逢逆境，那麼滿足感也會深受其害。然而比起受到外界所左右的價值觀，經由自我認知與自我覺察而看清自己，並能進而接受事實，所獲得的滿足感會比較強烈。

想要了解自身滿足感究竟從何而來，必須先自問對哪些事情會真心感到快樂，而不是由世俗價值觀所認同的事情而定。舉例來說，健康、富有以及穩定的工作，都是判定生活品質的標準，但是即便我們完全不具備以上的條件，依然可以覺得很滿足，因為滿足感是對自己生活做出理性評價後得出的結果，因此滿足無法透過如測量幸福荷爾蒙的釋放濃度，又或是研究大腦等方式去度量。

為了探究自己的滿足感，我們可以利用下面的「滿足指數」測驗做自我檢測。這個測驗是自一九八〇年代中期由伊利諾大學厄巴納—香檳分校的心理學教授艾德・迪安納（Ed Diener）設計的「生活滿意度量表」（The satisfaction with life scale; SWLS）衍生發展而來，無論受試者是何種教育程度、性別或人種都可做測試。

此量表可謂是學術界使用率最高的檢測（雖然滿足感也會隨著年齡增長而有所改變），本書更將此表進一步結合英國大學所製作的沃里克愛丁堡心理健康量表（Warwick-Edinburgh Mental wellbeing scale），使檢測更為全面且完善。

下面有二十個句子，請按照你同意程度的高低，按1至7分，在每個句子前面的橫線上寫下得分，並請誠實作答。

分級表

1＝完全不同意

2＝不同意

3＝不太同意

4＝沒意見

5＝有點同意
6＝同意
7＝非常同意

滿足指數測驗

＿＿我對未來感到樂觀。
＿＿我相信有人會需要我。
＿＿我現在的生活狀態非常好。*
＿＿我懂得如何讓自己好好地放鬆。
＿＿我會對其他人感到好奇。
＿＿我的生活跟我心中的理想很接近。*
＿＿我有多餘的能量與精力。
＿＿我早上醒來時會對新的一天感到開心。
＿＿我覺得我的生活很好。
＿＿我能好好處理問題。

——我已完成人生中重要的事情。*

——每當我想到自己時，都會有很好的感覺。

——我覺得我和其他人很親近。

——我很有自信。

——我對生活感到很滿意。*

——我有自己的想法。

——我覺得自己是被愛的。

——我會對新的事物感興趣。

——我很開心。

——如果人生可以重來一次，我不會做太大改變。

（標註*的句子出自迪安納量表）

得分結果

120至140分：你非常滿足。

得到如此高分的你一定很熱愛自己的生活，也覺得人生一切都很順利。雖然你的生活並非完美，不過你認為，自己的生活已經夠好了。你的滿足不代表你就是自負的，確切來說，那些人生中的挑戰與能讓自己進步的機會成了你滿足的助力，在人生的各個領域，如工作或學校、家庭、朋友、休閒時間以及生涯規劃，你都能充分享受，並且游刃有餘。

100至119分：你很滿足。

你喜歡自己的生活，而且認為一切都很順利，當然你的生活並非完美，但是你覺得大致都還不錯。你感到滿足也不代表你就是自負的，在大部分重要的領域中，如工作或學校、家庭、朋友、休閒時間以及個人發展等，你會覺得生活很愜意，而那些你並不滿意的領域則會激起你想要有所改善的動力。

80至99分：你還算滿足。

這樣的分數屬於平均值，整體來說你是滿足的，但生活中還是有一些領域，如工作或學校、家庭、朋友、休閒時間以及個人發展等，是你希望能有所改善的。

60至79分：比起一般人，你不太滿足。

獲得這個分數的人，在不同的生活領域中有一些微小但明確的問題，或者有很多領域，如工作或學校、家庭、朋友、休閒時間以及個人發展等層面都很順利，但其中某一、兩個領域卻有著很大的問題。

如果你是因為某個嚴重的事件，使得你滿足感的分數下滑，那麼可能不久後你的情況就會好轉。但如果你是長期對某些生活層面感到不滿，那麼你應該努力做些改變，也有可能是你期望太高所致。

40至59分：你不滿足。

獲得這個分數的人基本上是不滿足的，這些人可能會覺得生活中諸多領域都不順利，或者有一、兩個領域對他們來說問題很嚴重。

如果你是因為某個重大的事件，如喪親、離婚或遭逢工作中的重大難題，而導致你滿意度的分數下滑，那麼或許在過了一段時間後你會重回比較滿足的狀態。但是如果你的滿意度一直都很低，那麼你的生活便需要有些變化，例如採用另一種生活態度、另一種新的思維模式或從事新的活動，也許你還需要一些專業協助來幫助你進行改變。

20至39分：你極度不滿足。

獲得這個分數的人，不滿足程度相當高，有時候這是在經歷某個重大事件後的反應。也許是因為你不久前才剛失業或失去了另一半，等事過境遷，你非常有可能會從深淵中再度找到出口。

但是如果你是長期處於極度不滿足的狀態，或許會需要醫生或心理諮商師的協助，因為你的生活極需要改變。

PART 2

滿足的
科學與技術

3. 滿足是一種性格特徵

要提升滿足感，自己就是最好的助力，因為滿足感會強烈受到自身理智所影響，所以每個人都可以憑藉一己之力增進對生活的滿意度。當然，外界因素也會影響我們如何評價自己的生活，稍後會加以說明。

早自數千年前，哲學家便已開始探討「究竟什麼才是幸福快樂的生活」這個問題。自幾十年前起，連現代科學也開始研究相關的議題。

滿足是原本就屬於人類性格中的一部分，抑或是深植在基因裡呢？當一個人感到滿足時，大腦裡會發生什麼變化呢？而生活狀態又會對滿足感有多少影響？本章將介紹有關滿足感的科學研究狀況。

金錢買不到幸福和滿足

如果在經過了一天漫長的工作、辛苦準備專案報告，或是親自下廚招待客人來家裡用餐，卻聽到「差強人意」這樣的評語，相信大部分的人都不會有好心情。只是有些人需要更充足的理由，才會認定哪些事是真的令人火冒三丈；而有些人就是無法克制自己不發牢騷，對他們來說，批評挑剔顯然是生活的一部分，而且壞脾氣的人似乎在發洩完他們的不滿與怒氣後，便會感到特別快樂。

但有沒可能，愛挑剔批評之人或許只是因為他們能發牢騷的原因比較多？科學家一直想知道，如果容易知足的人和不知足的人交換人生的話，他們是否還能一直覺得很滿足。或許在親身經歷過他人艱難無比的人生後，某些人原本樂觀沉穩的個性也會幡然改變。

至少心理學家在幾年前是這麼認為的。在那個人們還無法思索在自我實現、休閒娛樂和工作生活之間該如何取得平衡的年代，科學家相信，高收入、穩定的伴侶關係、身體健康，以及可實現個人抱負的工作，必定對人的滿足感有著巨大的助益。但在不久後就出現了第一波質疑的聲浪：一九七〇年代末，美國懷俄明大學的索爾・費曼（Saul Feinman）所發表《將盲人當成常人》的研究，讓專家們大吃一驚。費曼以「幸福感」為題訪問失明人士，他所得出的結果是：「相較於正常人，盲人比較窮困、甚少受到良好教育，同時也較少婚娶。但即便如此，盲人卻擁有較多的幸福感。」一般人認為「健康是幸福的，生病則令人同情」的既定想法，產生了顛覆性的翻轉。

就連認為「金錢能使人幸福或甚至感到滿足」的這類想法，在不久後也遭到否定。在窮困時，金錢確實能帶來幸福。但當一個人的富有程度，讓他的幸福感受增長到「確定自己不會再因貧窮而受苦」的程度後就會停止，接下來即使擁有再多的財富，也無法增加他的滿足感。這是賓州大學的經濟學家理查德・伊斯特林（Richard Easterlin）在一九七四年他著名的《經濟增長可以在多大程度上提高人們的快樂》文章裡所提到的。

他認為在過去五十年裡，西方社會的平均收入以倍數成長，我們的生活比前人富裕，也能負擔讓生活更舒適的諸多物品，但現在的人既沒有變得比較幸福，也沒有比較滿足。富裕國家的人民並不一定比那些貧窮國家的人幸福，即使人們從中產階級晉升至上流社會，也未必會感覺更幸福。甚至自某個程度開始，金錢還會讓人變得更不快樂。此論點震驚了一九七〇年代的學界與社會大眾，這個現象也有專屬的名詞，稱為「幸福悖論」。其他學者後來也做了更深入的相關研究，結論仍是：用金錢買不到幸福和滿足。

滿足程度與韌性呈正比

相信每個人都希望能提高自己的滿足程度，並以此為目標繼續努力前行。雖然對於滿足與否的評比標準會起伏不定，但不管標準是高或低，在過些時間後，滿足感就與幸福感一樣，會再度回到個人的基準點。這是美國心理學家萊克肯（David Lykken）在他的「定點理論」（Set Point Theory）裡提到的論點，即便是特殊事件如離婚或破產也都適用。

強烈的人生經歷一開始雖然會引發極端情緒，並且讓一個人維持一段時間的情緒高亢或者低落，不過這種狂喜或狂悲會逐漸消逝。正如同樂透得主在剛獲獎時必定欣喜若狂，但瞬間的驚喜與中獎的快樂常只能維持一段短暫的時間。

相對來說，負面的人生經歷會留下更強烈且更長久的烙印。人們在歷經一段意外或一個幸運事件後，通常會在三個月後回復原狀，重回到他生活滿意度的原本水平，但這些特殊事件的影響會持續多久，則視是何種事件攪亂生活而定。例如，新人在結婚後很快就不會再覺得那麼幸福；相反地，傷痛的事件卻往往要到好幾年後才會讓人逐漸平復，其中特別令人難以承受的，是離婚、丈夫或妻子的死亡，以及遭遇身體殘疾問題。

真正會破壞生活滿足感的原因則是失業，這是一種對自我價值的強烈衝擊。失業這個問題並不容易處理，而且滿足感會好幾年都維持在低點，就連在社會系統嚴實的德國也一樣。

相對來說，要讓滿足的標準持續提升似乎不太可能，但即便如此，我們還是可以改善自己的滿意度。只是這不容易在幸福狀態下發生，而是需要目標明確的動力驅使（參見第十四章「達到滿足的配方」）。此外，如果我們在私生活或工作領域中做出正確決定，滿足感也能大幅增進。

無論如何，在人的一生中，滿足感會比科學家長期以來所認為的還要更強烈震盪，這點已經由德國經濟研究院的社經民調而得到了證實。該民調顯示，近四成受測者的滿足度在二十年內約有二十五%的轉變；如果超過二十年，有一成受測者的滿足度甚至波動幅度高達大約五十%。

不同的人面對重大事件的方式有著極大的差異，就這點而言，心理抵抗力，即具適應能力的「韌性」，扮演著很重要的角色。對那些個性不太堅強的人來說，可能需要更多時間才能平復生命中的打擊；相反地，如果一個人擁有足夠的心靈強度，那麼即便遭逢令人難以想像的可怕事件，長期來說可能也無法動搖他內心的平靜喜樂。這是比利時神經學家洛瑞斯（Steven Laureys）在一份研究中所提到的。

洛瑞斯在比利時列日的大學醫院裡負責照顧閉鎖症候群病患，這類型患者神智清醒，但全身癱瘓或毫無知覺，病因可能是嚴重中風或腦部由於意外而受損，多半都只剩下眼球還能轉動，因此患者只能以眨眼或移動眼球的方式來讓別人理解自己。護理人員或電腦會利用字母表，讓病人藉由眨眼來示意他們在某個字母上停下來，如此一個字母一個字母費力地拼出文詞。

即便在生命如此艱難的情況下，絕大多數的閉鎖症患者卻對自己的人生感到很滿意。旁人可能會認為，如果自己有朝一日變成這個樣子，還不如一死了之；但在研究中，六十五位受訪病患中幾乎沒有人想結束生命，其中甚至高達七成二的人認為自己的人生很滿足，而且滿足程度與常人差不多。

性格決定你的人生滿意度

如果連重大的負面事件都無法影響滿足感，那麼是否表示追求平穩的生活或許根本就不重要呢？當然並非如此。生活狀態是否穩定會影響一個人的滿足感，只是程度往往相當有限。

大約五十年前，科學家開始研究人類的幸福感。綜觀所有研究結果發現，收入、教育程度、家庭狀況、性別以及宗教信仰等因素，都會影響主觀的幸福感受，但占比只有三％至五％左右。

因此，必定還有其他的因素影響人們對於幸福感受的差異。像是老同學在多年後重新聚首時會發現，昔日同窗除了髮型和衣著改變以外，其他幾乎都沒什麼變化，從前那個愛發牢騷的傢伙可能變胖了，也掉了些頭髮，但他還是像學生時代一樣抱怨個沒完；而那個永遠善解人意、沉著冷靜的班長，則依舊具有溫文儒雅的氣質。

如此說來，滿足與性格有關嗎？心理學家艾德•迪安納（Ed Diener）是首位利用一份只包含五個問題的簡短測驗來測量滿足感的科學家，（請參考第二章「測試你的『滿足指數』」）藉此研究「性格」對於主觀幸福感的影響。

他找了兩百二十二位心理系的學生進行實驗，結果發現這些年輕人對人生的滿意度有著極大的差異。這些學生全都是天之驕子的特權階級，能在大學裡就讀像心理學這樣不以賺錢為目的的科系，他們也幾乎沒有經濟壓力或對前途感到不安等問題，因此表面上他們看起來都過得非常好。但事實上，有些人卻極度憤世嫉俗，而其他人則特別知足常樂。

為了確認滿足感是否由性格而定，迪安納使用心理學家長期用以描述人類性格的工具，即「五大人格特質」（Big Five）。這五種性格特質不容易受到一個人的生活模式所影響，也能確切顯示在一個人性格中最重要的幾個關鍵，包括：他對體驗新事物抱持多開放的態度？有足夠的責任感嗎？包容性有多強？有親和力嗎？又或者他特別容易情緒不穩（神經質）嗎？

這五種人格特質分別如下。

一、情緒性

容易有大幅度的情緒波動、焦慮、憂鬱及易怒，對事情總是過度擔憂，因而給自己太多壓力。

二、親和性

樂觀，善良，容易相信別人，在團體中較容易與他人合作。常會關心他人，能夠設身處地為人著想。

三、開放性

具有好奇心，勇於挑戰與冒險，擁有多樣化的興趣，喜歡各式各樣的生活體驗。

四、自律性

主動而認真負責，重視細節，做事有計畫，且會按部就班前進。

五、外向性

反應機靈，精力充沛，熱情健談，擅於社交，喜歡成為眾人注目的焦點，交友廣闊。

五大人格特質的涵義

	此特質明顯之人的性格	此特質不明顯之人的性格
情緒性	不穩定、容易受傷、膽小、神經緊張、鬱鬱寡歡、神經緊繃、不知所措、不可靠、憂心忡忡、壓力大。他們容易疑神疑鬼、胡思亂想。	有自信、安靜、穩定、放鬆的、滿足。
親和性	喜歡社交、熱情開朗、樂觀、健談、積極主動。他們喜歡感受刺激。	冷漠、拘謹、安靜、獨立、喜歡獨處。
開放性	心胸開闊、有創意、好奇、聰明、想像力豐富、感情充沛、好學、有實驗精神、興趣廣泛。他們喜歡改變。	傳統、保守、有恆心、謹慎、實際、實事求是、不喜歡變動。

自律性	精準、有效率、有組織、有計畫、目標堅定、負責任、可信賴、有紀律、謹慎。若過於極端就會拘泥於細節。	容易衝動、懶散、輕佻、反覆無常、草率、缺乏組織能力、馬虎。
外向性	友善、有同情心、合群、善解人意、信賴他人、樂於助人、和善。他們講理且容易溝通。	自私、好勝、多疑、不體貼。

當然，一個人身上所擁有的特質遠遠超過這五種。基本上，所有與人的思想、感受與行為相關的特質，就代表其個性。在一九三〇年代，美國心理學家阿爾波特（Gordon Allport）和奧德伯特（Henry Odbert）發表了一份史無前例的人格詞彙表，單在英文當中就有將近一萬八千個描述人性格特點的字彙，數量之龐大讓他們稱之為「語義學夢魘」（a semantic nightmare），其中意思相似的又有四千五百零四個形容詞。

但無論如何，這五種人格特質對滿足感的確有著極重大的影響，之後又有許多科學家針對這個議題做了研究，最後依然得出相同的結果。這些研究結果皆顯示，與不滿足的人相比，極度滿足之人會特別熱心、隨和、負責任，而且絕對不太會神經質、內向或膽小。此外，這些人也擁有穩固的社交圈，愛情關係通常比較長久，而且整體而言比較容易廣結善緣，人際關係良好。

親和性與自律性顯然是影響滿足感最大的兩種特質，其原因很容易推測得知：滿足者對人生與周遭的人都抱持善念，因此他也會感受到更多正面的事物，基本上就會比較滿足。至於自律性，則通常與一個人的組織與邏輯能力有關，這有助於解決日常生活需求，並提升幸福感。

此外，外向性也會對人生滿意度產生正面影響，它代表我們樂於接受挑戰，並且能睿智地解決問題，因此在面臨困難時，也能勇於克服，不認為自己會被就此擊垮。

相反地，不穩定的情緒與滿足感是無法並存的。情緒化的人極易為任何事煩憂，他們會覺得自己背負重擔，承受極大的壓力，常讓人認為他們是不快樂的。

客觀來說，迪安納那些個性開朗活潑的學生們遇到的正面事情，絕對不會比那些總在抑鬱情緒裡艱難度日的病人還多，但即便如此，那些樂觀的病人卻認為自己很快樂。迪安納說：「這種正面經驗的模式會持續一輩子。」他認為不自我設限、親切的人對正面事物的感受特別強烈，而神經質的人卻會吸引負面事物，因為他們預期的就是負面事物，也因此會記得特別清楚。

總體來說，性格因素對滿意度的影響約占五十％，不過它們決定的不只是人們究竟有多知足，也影響人們對人生部分領域的滿意度：例如工作或感情關係等層面，因此一段與情緒不穩者相結合的婚姻會較不持久；如果另一半有著神經質的性格，那麼未來離異的可能性也會很高。此外，在職場條件類似的前提下，員工的性格差異對滿意度也往往具有決定性的影響：有人開開心心地上班，每天都能有最好的表現；但在相同的工作中，有些人卻倍感壓力，總是怨聲載道。

性格的影響就是那麼明顯，我們早自一個人的學生時期就可以預知，將來他是否會喜歡自己的工作。一九九五年，有心理學家曾在威斯康辛大學為應屆畢業生大膽做了預測：那些在校時常常對作業提出抱怨、做事情緒化、不太有責任感的人，日後的職場生涯也較不順利，而且這項預測在學生畢業幾十年後依然非常準確。

性格會隨著時間而改變

如同上述，五大人格特質是性格形成的主要因素，但蘇黎士聯邦理工學院心理學教授魯赫（Willibald Ruch）還想對此更深入了解，因此他針對那些自覺特別幸福的人，更深入調查他們具有的性格強項，包括：希望、熱忱（熱心的行動力）、連結力（愛人的能力）、好奇心與感恩的心，這些也是能使人感到滿足的特質。

相較之下，其他同樣正面的性格特質，如：心胸開闊、具有美感、可靠、創造力與謙遜等，則比較無法影響滿足感（見下頁圖）。

此外，自我價值感對於滿足程度也有極大的影響。自我價值感是固定不變的，會伴隨我們一生，有時就等同一個人的性格特徵，至少在我們這樣的個人主義文化裡，滿足與自我價值感的關係極為密切。然而研究也發現，在孟加拉這個國家，滿足的人生並不是那麼重要。這可能是因為在貧窮文化裡，金錢更被重視：也可能是因為在那樣的地方，收入較低者所承受的痛苦，會比在西方世界裡生活困難的窮人還要多。

雖然性格對人生滿意度有絕對的影響，但滿意度仍是能改變的，就連性格也並

性格強項與人生滿意度

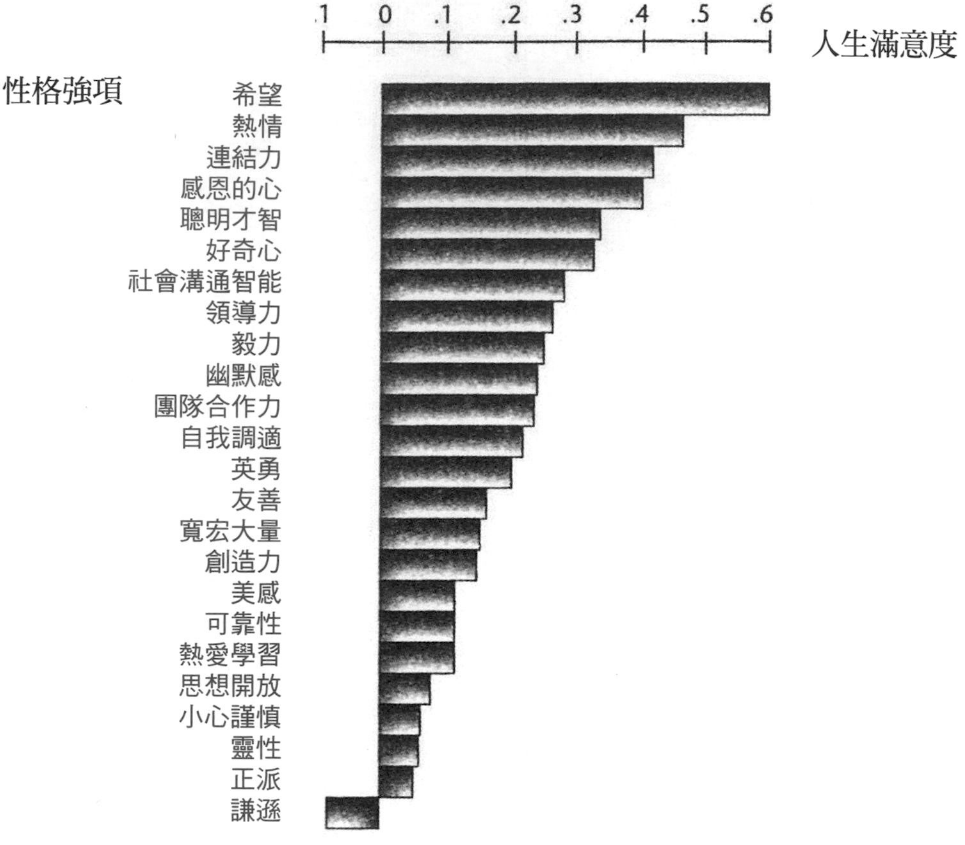

性格強項與人生滿意度之間的關聯性（出自維利巴爾德・魯赫）

非堅不可破，它們能夠、也常會隨著年齡的增長而逐漸改變，而且這些改變通常是積極正面的。很多研究都顯示，隨著年齡增長，大部分成年人都會變得更加和善、專注，情感修復力也更強。只不過這些改變通常需要幾年、甚至幾十年才能完成，短時間內突發又劇烈的人格改變是極少見的。

柏林教授詩佩西特（Jule Specht）就表示：「我們已經知道，性格在人生的不同階段會產生不同的變化。」尤其是當有重大事件改變了我們，以及我們對人生的想法時更是如此。當她分析德國經濟研究院的社經民調數據後，發現即使是已退休的族群，性格仍會產生明顯的變化。例如一個畢生追求名利的人，到了晚年可能會變成一個古道熱腸的老爺爺；逞兇好鬥之人也可能變得和藹可親；一個向來都很有責任感的媽媽，可能會變成熱愛自由的女人，不再在乎世俗的價值觀。

然而並非所有性格都可以改變，例如「親和性」似乎就是最不容易改變的個性特質。通常社交能力強又健談的年輕人，在長大成人後會變得比較沉穩，但和之前的落差並不會很大。相較之下，責任感則會隨著年齡增長而增加，有些人在年輕時無法好好控制自己的情緒，也不是特別的循規蹈矩、可靠及負責任，但在四十歲以後，通常個性都會更為沉穩，也有明顯的責任感。

相反地，難相處之人卻要直到約六十歲後才會變得比較隨和。我們刻板印象中所想像的老年人總是嘮叨、愛發牢騷，感覺很難搞。但出乎意料的，在現實生活中，溫和慈愛的奶奶，以及親切簡樸的爺爺似乎還蠻常見的。

另一方面，思想開放程度會與年齡成反比，年紀大的人顯然保守，更堅信舊有觀念，對接受新事物與新思維也比年輕人缺乏興趣。就連神經質的傾向也會隨著年齡增加。一般來說，二十幾歲的年輕人較能在壓力之下仍維持自信、保持鎮定，自三十歲之後，這些特質就會慢慢褪去。

我們的性格能夠隨著時間改變，而且也真的會改變。曼徹斯特大學的波伊斯（Chris Boyce）對此指出：「性格上的小變化會讓我們的滿意度產生大改變，所以政府應該致力改善學校課程、社群團體、兒童教育等人格養成的培養環境，這比起促進GDP的成長，提升國民幸福指數會更有效益。」

如此說來，顯然人們並非本性難移，但為什麼我們卻很少改變呢？這是因為人們多半「無法想像自己會改變」，因為我們一直以來都是這麼活著，也一直就是這樣的人。人們會根據過去的經驗來推測自己的未來，而且也沒有範例顯示如果擁有不一樣的人生又會如何，唯有當人們相信自己真有可能改變的那個瞬間來臨，他們才能找到自己適合的改變方式。

我們若希望性格與自我價值感能朝正向發展，並藉著這樣的提升來達到更高的滿意度，就必須主動做些什麼才行，包括主動分析自己過去的人生，以及未來的目標與願景，另外還要培養一種重要的能力是：與自己的負面性格達成和解，對自己也要寬容一些。

4. 你有「滿足」的基因嗎？

如同前一章所述，性格對人的滿意度大約占有五成的影響，少部分則由富裕與健康的程度決定，那麼剩下的呢？滿足感有可能有一大部分都是歸根在基因裡面嗎？

對於這點，大部分的人可能完全無法想像，至少在二〇〇〇年一份針對心理學外行人調查有關幸福的肇因，就驗證了這樣的看法。

該項調查詢問兩百三十三位受測者，如果一個人感到幸福，那麼可能的原因會是什麼？受測者需回答與之有關的三十八個題目，在一份分成七個等級的量表上寫下答案，並衡量那些原因的重要程度。測驗結果顯示，最可能讓人感到幸福的原因包括：能結交知心好友、廣結善緣、有慈愛的父母，或是為他人喜愛與接受。相較之下，聰明、高學歷、美貌等並不特別重要。然而值得注意的是，排名居末的竟然是「幸福基因」，也就是說，大家都認為幸福感並非是天生注定。

但這真是大錯特錯！因為單就性格對一個人的影響，便已顯示出基因絕對在幸福感與滿足感這兩方面占有重要的一席之地，畢竟性格本身就有很大一部分是經由遺傳而來。

環境與基因對上一章所提到的五大人格特質的影響幾乎各占一半，其中，開放性有最多自基因繼承而來的部分，比例高達五十七％；而外向性則占比最少，有四十二％；其他如親和性有五十四％，自律性四十九％，情緒性則是四十八％。

不過除了性格以外，似乎還有其他會讓人特別容易感到滿足的基因。

幸福感是會遺傳的

為了找出幸福究竟能否遺傳的答案，就像所有與基因影響有關的實驗一樣，科學家很喜歡以雙胞胎為研究對象。

同卵雙胞胎擁有幾乎一模一樣的基因，如果他們的行為有差異的話，可能是受到外來因素的影響，例如他們的生活環境。因此同卵、但並未在同一個家庭長大，而是很早之前就被分開的雙胞胎，特別適合作為測試環境與基因影響的實驗者。

明尼蘇達大學自好幾十年前就存放了供研究使用的雙胞胎資料，數量超過八千對。有些是同卵雙胞胎，有些是異卵；有些生長於原生家庭，有些則很早就分開了。透過這項龐大的雙胞胎資料庫，美國的心理學家研究了各式各樣的問題，其中一個便是探究滿足感與個人主觀幸福感的根源。

結果顯示，一個人的基因對其個性與對人生的滿足感有著巨大的影響。有七十一對同卵、但未一起長大的雙胞胎，雖然在不同的環境下成長，但他們對人生滿意度卻驚人的相似。比起那些一起在父母身邊長大，擁有同樣社經地位、接受相同教育方式，也獲得相同關愛的異卵雙胞胎，這些自幼分開的同卵雙胞胎，在對於幸福、喜悅這些方面的感受相似度甚至超過了前者。根據估算，遺傳對一個人的幸福感受力占有四十八%的決定關鍵，因此從受精的那刻起，我們人生有將近一半的幸福感便受到基因賭局的影響。

之後，當科學家更深入研究從小未一起長大的異卵雙胞胎時，發現了一些不尋常之事。異卵雙胞胎雖然彼此也有相同的基因，不過他們只共享其中的一半而已，就遺傳觀點來看，他們是同時出生的手足，由於滿足感是與生俱來的，即便是並未一起長大的異卵雙胞胎，照理也會擁有相同的滿足感，只是他們的相似度並沒有像人們臆測的那麼高。因為異卵雙胞胎共享的基因是同卵雙胞胎的一半，所以他們對於人生滿足感的相似度應該只獲得了四分之一的遺傳。

不過，研究分析得出異卵雙胞胎滿足感遺傳率只有十八％，而不是二十五％。關於這點，行為基因學家伊莉莎白・韓認為只有一種解釋：「因為影響滿足感的那對基因的作用增強了。」也就是說，當兩個基因聚集在一起時，它們對一個人滿足感的影響力，會比單獨只有一個基因發揮的全部作用還要巨大。

這究竟代表著什麼意義呢？伊莉莎白・韓想更深入了解。接下來她所進行有關滿足感的研究，不只局限在雙胞胎之間的互相比較，還擴及至與非雙胞胎的兄弟姊妹、父母與祖父母的滿足感比較，藉此可以將基因與環境的影響力都含括在內。結果發現，基因不再像之前所預測的，對滿足感有一半的影響力，而是稍微少了一點，只占三十％至三十七％。

顯然性格對滿足感的影響也比遺傳基因來得強。擁有兄弟姊妹的人，雖然手足們都誕生在同一個家庭，是父母個性與教育模式的部分延伸，但影響下一代的，有極大的比例仍是來自孩子與生俱來的性格。

但基因對於個人滿足感的設定基準，的確扮演著特別重要的角色。「毫無疑問，滿足感當中存在著一種固定不變的基因成分，因此每個人都具有一種基本傾向，讓他生而為一個比較易滿足或比較易不滿的人。」伊莉莎白・韓說。然而這並不表示我們就要咒嘆自己的基因，讓自己永遠只能看到事情的正面或反面。生而較悲觀之人只代表他們可能必須更辛苦，才能讓自己在人生中感到滿意。所以，如果你帶有悲觀的基因，請比別人更努力，讓自己獲得幸福。

為什麼丹麥人特別幸福快樂？

即便滿足感基因如今已進行非常精確的研究，但究竟是哪些特殊的遺傳因子在這方面占有舉足輕重的地位，卻仍舊未知。

科學家已經深入探究人體中掌管如多巴胺或內啡肽等幸福荷爾蒙的基因，也推測那些在處理壓力方面扮演重要角色的幸福感小分子可能是很重要的，但是卻找不到一個具公信力的「滿足感基因」。主要原因可能是，我們感到滿足與否，或許是由許多不同的基因共同決定的。在塑造不同層次與等級的滿足感時，這些基因都只各付出一點點貢獻，因此在技術上很難找到單一個基因。

然而，英國華威大學的經濟學家不久前想到了一個很好的研究觀點。他們感興趣的是，為何某些民族會特別容易知足呢？這終究還是非常有可能與基因有關。有件值得注意的事情是：在滿意度調查上名列前茅的永遠是那些同樣的國家。無論是歐盟執委會的民意調查還是世界幸福報告（這份報告其實就像製作者所承認的，只是一份有關主觀幸福感的報導而已），在滿意度排行榜上，瑞典、挪威、荷蘭以及丹麥始終是遙遙領先；相對來說，義大利人特別愛發牢騷，而德國人則長期位於中段班。

以丹麥人為例，他們的幸福指數與滿意程度，大約有三分之二是源自高度的幸福感、良好的社會福利制度、身體健康、擁有極大的自由，以及國家的低貪汙度。相較之下，美國人民總是聽到那些洗碗工也可以麻雀變鳳凰成為百萬富翁的故事，而丹麥人擁有的是比較符合現實的人生期望，他們立基於一個被國家照顧得很好的完善群體，貧富差距並不大，也積極地生活著。

然而，除了上述可解釋斯堪地那維亞人對於滿意度的評定標準之外，仍留有三分之一的問號空間：還有什麼原因是讓丹麥人覺得知足的呢？

華威大學的普羅托（Eugenio Proto）與奧斯瓦爾德（Andrew Oswald）這兩位經濟學家認為，原因可能在於某個會影響我們荷爾蒙平衡的基因。他們推測遺傳因子內有一個被找尋良久的滿足感基因，也就是血清素。血清素會讓我們產生冷靜、沉著、情緒穩定的感覺，因此常被認為是「幸福荷爾蒙」，但實際上正確的說法應該是「滿足荷爾蒙」，因為它會讓人感到平靜而非喜悅興奮。

根據社會體系、GDP、地理位置（如日照特別少）等影響因素，普羅托這兩位學者統計了來自一百三十一個國家人民的滿足度，接著又進一步調查這些民族與丹麥人的基因相似度，事實證明，不滿意度特別高的人民，在演化上與丹麥人的基因有著極大的差異。

他們特別關注的一個基因是「5－羥色胺轉運體」（5－HTT）。這種血清素轉運體負責控制血清素在大腦裡的運輸，藉此影響滿足荷爾蒙的時效。不過血清素轉運體分為一長、一短兩種。遺傳基因獲得短型血清素轉運體的人，有可能更容易罹患憂鬱症及出現暴力行為。

這項研究發現了不同民族容易出現哪種血清素轉運體的機率，也確實顯示出某些人種對於滿足的類似感受與相關性。在滿意度都普遍低落的地方，擁有短型血清素轉運體的人就特別多；相較之下，丹麥只有近四十％的居民擁有短型血清素轉運體。因此，祖先來自義大利的美國人，會有著與義大利祖先類似的滿足程度，或許就是受到短型血清素轉運體的影響。

這個血清素轉運體基因或許終於揭開第一個滿足感基因，但這絕非唯一的一個，每個人的滿足感都是由形形色色的基因決定，而科學家也已經確認了這點。

環境會影響你的幸福感受

根據上述諸多研究結果可知，影響滿足感的比例與因素大致為：約五十％來自性格、超過三十％來自遺傳，以及環境的影響力最多占十％。但產生影響的比例當然不會如上述所說看起來那麼涇渭分明，所有因素也會一起產生作用。

後天環境和先天基因並不是像社會學家與遺傳學者在基因研究剛起步時所認為的那樣，單純只是互相牽制而已，這兩者其實也會對彼此產生強烈的影響。像是帶有愛發牢騷基因之人，若生活在一個充滿關愛的環境裡可能會感到幸福，而非只被他的遺傳基因所影響，總是抱怨個不停。

此外，性格雖是源自於基因，是天生的，但環境卻並非由老天注定。人類的確會受到外界環境的操縱，但我們不應忘記：人類也可以反過來操控自身的環境。我們會主動去尋找社會生態棲位，知道身在什麼樣的環境裡會感到自在愉快，而且在這樣的環境裡，也能更強化我們的性格。例如，愛交際的人喜歡和人接觸，藉此獲得正面的回饋，也因為周遭的人喜歡他愛交朋友的個性，他將因此變得更喜歡與人進行社交互動。

追求「滿足」的故事

下一個男人會更好？——這世上沒有 Mr. Perfect

每當露易絲・布朗和一個男人共度數年後，那些一開始對她來說特別有吸引力的特質，反而會讓她覺得真是受夠了，然後她就會決心要結束這段關係。

儘管她一再陷入「不斷熱戀、不斷分手」的輪迴中，但她卻從未察覺到這個狀況。每當她遇到一個新的夢中情人時，她都認為那是機緣巧遇，並堅信這次一定會和這個人牽手共度一生。但最遲在他們發生第一次爭執後，對方任何她不喜歡的行為，就都會被她放大檢視。等到某天她遇到另一個令她傾倒的男性時，她便翻臉如翻書般，頭也不回地立馬走人。

直到三十五歲，布朗才逐漸意識到：「這種狀況絕對不是偶然，而是一再重覆的規律！」在那之前，她都堅信自己必須找到一個百分百完美的男人。「每當熱戀的甜蜜開始消退，我就失去了最初的亢奮，不再認為自己找到了這世界上最棒的男人。」她說，「我想永遠被捧在手心裡，也想一直維持怦然心動、幸福甜蜜的感覺，而且無論如何都不能發生爭執。」

和那些男人分手對她來說幾乎不痛不癢，畢竟她不想要一個「不完美先生」，而且她多半在分手之前就已經找到了一個新對象。

布朗第一次對自己這樣的行徑有心痛的感覺，是有天她的父母與兄弟姊妹對她說，他們已經對她要帶新男友回家共度聖誕節這件事一點也不感興趣了。「又是一個新男友？唉，拜託千萬不要！」她媽媽在某次聖誕節前夕這麼說。她不想總是和陌生人一起共度佳節，而且每當她逐漸習慣這個親切的年輕人後，他就又消失不見了，這會讓她覺得很難過。

一如家庭與婚姻諮商師珊德拉•康拉德（Sandra Konrad）所說的：「認為自己終會遇到完美男人的期待，會讓人感到失落。」對每個人來說，其實並沒有那個「對的人」，而只有許多「適合的對象」，我們只是必須勇於去與他們交往。

布朗終於知道必須改變自己不切實際的期望，她說：「畢竟我也不想到了六十歲還是不停在換交往對象，或者在我小孩才剛滿兩歲就得和他爸離婚。」事實上，她在其他的生活領域也遇到類似的狀況：剛買的新衣她很快就覺得沒那麼好看了，她搬家的次數就像換男友一樣頻繁。此外，她也經常跳槽，因為她相信自己應該有更好的發展要達到更高的目標。

在尋求心理諮商師的協助後，她終於了解生命必定存在著缺憾，也發現每段關係和每個工作都有其不完美之處，如果勇於面對這些現實，總比永遠都不斷重新來過好。

她還發現，除了自己期望過高之外，現代社會提供了太多選擇也是她無法定下來的原因。她說：「如果早個五十年的話，女人根本不允許像現在這樣頻繁更換伴侶，我或許就會嫁給我第一個男友，也會接受他原本的樣子。但是在今天，我們可以不斷從頭來過。而且我長得也不錯，又喜歡交朋友，好奇心也重，熱愛嘗試，所以很快就能找到新的對象。」

由於便利的交友APP，我們可以不斷拓展人際圈，找到完美另一半的幻想泡泡每天都會浮現，然後又以更快的速度消失不見，心理學家貝瑞・施瓦茨（Barry Schwartz）稱之為「選擇矛盾」。他認為過多的選擇就代表著壓力，會讓人不安、焦慮與緊張（請參考第七章「疲憊女性的修復練習」），到最後，人們也往往不滿意自己的選擇。

「現在我的『選擇困難症』已經痊癒，對速食的感情也不感興趣了。」布朗說。她在去年夏天瘋狂愛上了馬丁，但當時她就已經知道自己之後將會對他的哪些缺點感到不滿。「事實上，我現在還是常生他的氣，因為他不愛乾淨，總是把穿過的襪子隨手丟在地上，他喜歡吃的東西我也沒辦法苟同。雖然如此，我還是覺得和他在一起非常幸福快樂。」

5. 大腦主宰你的幸福感

關於滿足感，我們彷彿能從身體感受得到，那是一種很舒服的感覺，會貫穿腹部，蔓延至四肢，心臟跳得更平穩，呼吸也變得更深沉。

不過滿足感其實多半是發生在大腦裡的，它是經由大腦中的血清素傳遞出來，這是種不太明顯的腦內化學反應，由二十五種常見的原子所組成，這些原子來自我們宇宙中最普遍的元素：碳、氫、氮、氧。

血清素是「滿足荷爾蒙」

人體內有十毫克的血清素，絕大部分是存在於腸胃系統內，負責促進腸子蠕動來正常消化食物，不過有五％自大腦分泌的血清素確實有著極大的作用：它會讓我們感到平靜、穩定與滿足，同時減輕許多會擾亂我們滿足感的負面情緒。當血清素由腦細胞產生並開始在大腦中發酵，恐懼感、攻擊性、悲傷還有飢餓等負面感受都會降低，並釋出「你可以放輕鬆，你已經飽足了，沒有人會威脅你，不用擔心。」這樣的訊息。

由於血清素會讓我們平靜與放鬆，並遠離攻擊行為，因此血清素也被稱為「讓人變文明的荷爾蒙」。約翰・霍普金斯大學的神經學家斯奈德（Solomon Snyder）曾說過：「我們的情緒猶如一場音樂會，血清素就是指揮，一切都以它為準。」例如，當我們注意到面前有個水杯時，腦中血清素的多寡則會決定認為這個杯子是半滿還是半空。

能觸發幸福感的腦化學元素包括多巴胺、內啡肽、催產素和血清素，在幸福時刻會讓人興奮、沉迷，而且在化學成分上又剛好與嗎啡、鴉片與海洛因相似，因此這些能製造深刻幸福感的荷爾蒙，有著令人無法抗拒的力量。不過可惜的是，這種幸福感的效期很短，而且很快就會想要索求更多。

相較於同樣也能帶來快樂、但容易讓人成癮的多巴胺，以及掌管短暫幸福感並讓人狂喜興奮的內啡肽，血清素較為平和，是那種只會慢慢退去的傳訊體，它不直接提升興致，不會在射精的同時釋放出來，它照顧的是高潮後的深層滿足感。它會在我們的需求亟需被滿足時產生，即便不是性方面的需求亦然。

幸福和滿足不只傳遞的媒介不同，它們在大腦中的作用區域也完全迥異。像是旅行時的快樂、拆禮物時的驚喜、擁抱思念許久之人的感動，這些感受主要發生於大腦中的獎賞系統，精確來說是伏隔核（nucleus accumbens），它對成癮效果有著極為重大的影響力。相反地，滿足感則源自全然不同之處，當我們常被讚美，或擁有一段持久的友誼時，大腦皮層就會活化起來。這是大腦中較高階、且在進化史上屬於特別年輕的區塊，也是產生意識的所在，較低階的本能在這裡並無立足之地。

幸福感也會釋放出稍微強烈的多巴胺，但多巴胺喚醒的多半是渴望。如果體內充斥著多巴胺的話，我們會期待將有好事發生，它是一種同樣也在獎賞系統內作用的預期喜悅荷爾蒙，只不過它並未給我們獎賞，而是讓人懷抱勝利在望的期待，並能以此引起動力，讓我們勇於接受挑戰。

百米衝刺抵達終點後，在歡呼的觀眾面前繼續緩慢跑著的獲勝者，會知道那種感覺有多美好，他所有的多巴胺在起跑器上就已釋出，在衝出的那一刻，他會想著，在十幾秒後，他就能體會到那美好的感受；征服高山成功攻頂的人，之所以願意承受可能受傷、甚至失去生命的風險，是因為多巴胺已經在他的腦裡預先開好了路；嗜甜的饕客喜歡觀賞巧克力塔時所帶來的興奮感，因為他們彷彿就能感受到舌尖上的甜美，而覺得非常愉快；就連咖啡和尼古丁也會增加多巴胺的釋出，因此才會使人感到興奮。多巴胺並非就是幸福，而是「能讓我們感到幸福」，因此我們才會那麼積極主動地勇往直前。只有在多巴胺變弱、且我們也完成任務後，滿足感才會出現。

幸福感不只是因為幸福荷爾蒙不久後就會退去，所以才持續得如此短暫，還因為大腦也很快就習慣於多巴胺帶來的效果，一旦神經細胞將它的幸福感全釋放後，它就不會那麼快再度興奮，因為我們已經「快樂完了」。

情緒也會隨著年齡僵化。年長者很少會覺得欣喜若狂，這也是因為他們的鴉片製劑接受器變麻木了，上了年紀後，不只肌肉逐漸無力，就連獎賞系統也會老化，不會再那麼興奮。某種程度上也是因為見多識廣，大腦細胞已經不再有能力接受新的刺激。不過這些現象並不是壞事：老年人常常說自己變得多麼沉穩，不再像以前那麼躁動，也不會再感覺到那讓人束手無策、持續不斷、讓人倍感壓力的不平靜。那種難以平復的衝動曾驅使他們勇往直前，不斷嘗試，而現在滋長出來的，是身心安適的滿足。

渾然忘我的滿足感

持續不斷感到幸福有可能是非常不健康的，人們還會因此感受到一種由持續且令人心醉神迷的幸福感所帶來的兩極干擾過程，不過那算是嚴重精神病患者的狂躁階段，這些人大腦內的傳訊機制已經失控了。因此在這種狂躁階段，他會奮不顧身地撲向那些人生中可以給他最美好感受的事物，可能是性、酒精或速度感，也可能是一個讓他廢寢忘食的工作案。然而，這類型的人與此同時卻完全忽略了其他事物，像是家庭，因為家人太平淡無奇了，還不如那些能引起他大腦亢奮的荷爾蒙。又像是睡眠，休息睡覺對他來說極度浪費時間，也毫無吸引力。

當我們專注於手邊的事情，忘卻周遭一切時，這種廢寢忘食的狀態，常被比擬為「終極幸福體驗」，但實際上它是一種全身心投入當下的狀況，和幸福感根本扯不上邊，而是因為我們專注投入之故。在這種時刻，我們全然仰賴自己的能力，有如自動導航般完成了任務並解決了問題。我們之所以這麼做，是因為基底神經節

（儲存所有慣性與下意識動作的大腦皮層底下的區塊）持續活動著。

只有在我們不覺得有壓力的時候，才能達到這種忘我的狀態。若處在壓力之下，則會釋放出那些常與喜悅幸福感作對的荷爾蒙。像是第一次獨自駕駛帆船，或剛拿到駕照的新手駕駛單獨開車上路，沒有可以即時踩煞車的教練坐在旁邊，這些人的心會跳得飛快，焦慮荷爾蒙蔓延全身，滿足感在這種狀況下根本無法存在。只有那些能夠冷靜避開危險並享受速度感的行家，才能湧現出強烈的滿足感，因為他們充分體會到駕駛的樂趣。

打擊樂器演奏家馬丁・哥魯冰格（Martin Grubinger）的演出有時會一場接一場，甚至曾有過一個晚上連續表演六場的經驗。他曾在某次訪問中提到親身體驗「廢寢忘食」的經歷，那是在他演奏了一整晚都未曾停歇的時候，令他印象極為深刻。他回憶到：「那是很難形容的時刻，我覺得自己突然和指揮、管弦樂團與音樂家們合為一體，我已經感覺不到觀眾的存在，我全神貫注，不再覺得疲累、有壓力或緊張，內心只有全然的滿足與平和。那是種對極限的追尋，我會好奇想知道：我們可以再做些什麼嗎？我們還能透過樂器做出更好的表現嗎？不論是技術還是音樂上的。」

追求「滿足」的故事

被藥物綁架的大腦：用錯紓壓方式的藥物上癮

派崔克・哈姆斯首次嘗試掌控自己的大腦，是他就讀醫學系，要參加國家考試的前一個月。那時他焚膏繼晷地日夜念書，壓力大到他不知該如何才能撐下去。

就在這個時候，他的同學給了他一種名為「守夜」的藥。「要試試看嗎？」那位女同學問他，「吃了這個你會變得非常清醒。」

她說的沒錯，哈姆斯晚上不會再昏昏欲睡了，他不但睡意全消，而且精神奕奕。事實上，這種藥物的成分莫達非尼（Modafinil）本來是用來治療嗜睡症的。他的瞌睡蟲在服藥後彷彿被趕跑了，所有事物突然間變得再清晰不過。他晚上的注意力能集中好幾個小時，也不會再分心去看email或Facebook上的新貼文。事實上，他也獲得比自己預期還要好的成績。

在這之後，只要他覺得自己需要保持清醒或維持學習力時就會服藥。不久，他已經不相信自己能夠在沒有藥物的幫助下克服困難了。服用莫達非尼幾個月後，他也嘗試了其他藥物，像是哌甲酯（Methylphenidate）能讓他感到亢奮，這個藥有個更廣為人知的商品名稱叫「利他能」（Ritalin），他覺得這種藥物可以讓他擁有特別好的專注力，也會處於工作狂的興奮狀態。

利他能是在一九四〇年代中期，由化學家林德羅・潘尼宗（Leandro Panizzon）在瑞士藥廠席巴公司所發明的。那時，他先把藥給他的妻子服用，他認為她應該試試看，或許會讓她更有活力。結果真的有效。這位名叫瑪格麗特（Marguerite）、暱稱為麗塔（Rita）的女士，在她每次要打網球之前，都會服下這種後來以她的名字來命名的藥物，然後一再擊敗她的對手（據說是這樣）。一九五四年利他能首次獲准上市時的宣傳文案是：「能在一定程度內使人感到振奮、有活力。」

相較於化學成分與之類似的安非他命，利他能不久後就在治療小孩過動的領域產生更好的效果，也有越來越多人希望能藉由服用此種藥物提升專注力。

哌甲酯會讓大腦內的多巴胺濃度上升，而多巴胺又會影響幸福感與成就感。除此之外，人們真的會變得更清醒、更專注，反應也更迅速。來自哥廷根大學附設醫院的神經學家葛拉德・徐特（Gerald Hüther）說：「利他能的效用和古柯鹼沒什麼不同，只是藥效沒那麼強。」

莫達非尼起初會提升腦內滿足荷爾蒙——血清素的含量，不過並未同時提高多巴胺的含量，而且還會透過降低抑制多巴胺的γ-氨基丁酸（γ-Aminobutyric acid，簡稱GABA）的含量來產生效果，因此莫達非尼也會讓人上癮。

哈姆斯覺得自己在服用利他能後會產生「注意力高度集中與充滿能量」的感覺，他根本不在乎藥物的副作用。起初，他是服用錠劑，但後來他開始將藥丸搗成粉末，然後再像古柯鹼那樣用鼻子吸取。不久就連這種方式也無法滿足他了，於是他將藥丸用水化開後直接注射到靜脈裡，就像個吸毒者。

在現今這個充滿壓力的時代，許多人相信唯有透過小小的「助力」才能完成工作，就有四分之一的德國人認為讓自己保持興奮狀態是合理的。然而讓人困惑的是，這所有藥品對健康的人卻通常沒什麼效果。實驗顯示，吃下莫達非尼的受測者或許會變得稍微亢奮，而服用利他能則或許記憶力也會好一些，但根據神經興奮學專家安德烈亞斯・法蘭克（Andreas Frank）表示，喝個兩、三杯咖啡也能達到同樣的效果。他的部分實驗對象在服用利他能後，注意力並沒有更集中，反而在多巴胺驅動的快感下寫了很多亂七八糟不知所云的東西。

那麼，哈姆斯堅信利他能有著使大腦清醒的效果，所以讓他的學習效果變好的想法，是否只是一種安慰作用呢？美茵茲大學診所的克勞斯・利伯（Klaus Lieb）認為這絕對是心理安慰。他指出，心靈的力量是很強大的，甚至可能達到人們以為藉由服用藥物而可以達到的成效。他解釋：「哌甲酯提升了主觀的自我評價。我認為『感受到興奮』的這種體驗，應該是藥物所產生的快感，而非真正提升了服用者的專注力。」

然而，只要相信，便會有效。一旦對下一顆藥丸產生了渴望，就根本不會去在乎藥物是否真能奏效，那些被用來使神經亢奮的物質，本來就會造成用藥者心理的依靠大過於生理的仰賴。「如果我們一直過度要求自己要保持亢奮狀態，當然就會累積越來越多的睡眠赤字。」克勞斯・利伯說，「如果不休息的話，我們就會陷入由持續緊繃、興奮，以及失眠所組成的漩渦裡。服用藥物之所以風險特別高，是因為我們不太能從這個漩渦裡脫身。」最近更有數據顯示，利他能似乎也會改變大腦的結構。

透過心理諮商師的協助，哈姆斯最後成功擺脫了藥物，不過他並不認為是因為自己有自制力，而是藥物帶來的副作用已經嚴重到他不容忽視的地步了。越來越多朋友對他提出警告，他們發現他很容易抱怨，也常常心情低落，同時還具有攻擊性，藥物已經開始改變他的性格。當時哈姆斯還拒絕承認這件事，但後來他也發現自己變得越來越無法專注，即便吃了藥，依然很粗心大意。

德國成癮問題總局曾提出警告：哌甲酯雖然在一開始時會讓人興奮狂喜、情緒高昂，但卻無法助人有計畫地解決問題，而且過度樂觀與自信還會導致人們高估自己的效率。

根據專家表示：「藥物對我們而言似乎很神奇，因為它們能改變大腦的作用。不過老實說，運動、食物與閱讀也能達到相同的效果。」

6. 中年危機的厭世感

就算一個人先天的基因夠完美，也常覺得很快樂，但有種對主觀幸福的攻擊是幾乎無人能躲過的，那就是中年危機。

無論是只在乎吃喝玩樂的享樂主義者，被工作綁架的上班族，又或是手握數千萬交易的大老闆，在四十到五十歲之間的某個時刻，對人生感到徬徨的那根大槌就會落下。即便擁有豐富的人生經歷，做過許多睿知的決定，一個人的自我認知以及對自己與世界的認同感，在這個階段都會徹底動搖起來。

無論從瑞士到厄瓜多，或從羅馬尼亞到中國，全世界都可以觀察到這種現象。其差別只在於，情緒是在什麼年紀落到了最低點。英國人平均會在約三十五・八歲時遇到這個危機，義大利人卻是直到六十四・二歲才到達情緒低點，而德國人則真的剛剛好大約落在他們生命的一半，約四十二・九歲遇到中年危機。

當年屆四十，突然開始在早上起床時會出現負面想法，或者越來越常對自己或對這個世界產生疑問，這種情況十分常見。但對於這種現象，有另一種令人感到安慰的看法是：深陷中年危機的人，他的滿足感多半已經消失數年，但這種對人生感到困惑的感受，在抵達低谷後就會止跌回升，重新感受到幸福與喜悅只是時間早晚的問題罷了。也就是說，風水會輪流轉，只要我們一進入中年危機的狀態，就代表不久後我們就會重獲快樂。

一般來說，人生的滿足程度呈U字形發展：在青少年時期幾乎所有人的滿足感都很高，然後自此開始逐漸降低，直到大約四十五歲左右到達最低點，那就是中年危機。大約從五十歲開始，幸福感會再度攀升，滿意度開始增長，直至我們死亡為止。

為什麼人們的幸福感會呈U形曲線消長呢？某些解釋或許能讓人很容易理解這個現象：會不會是因為人生在三十至四十歲這段時間特別辛苦，工作方面要站穩腳步，同時又需要照顧小孩，所以危機才會在稍微能鬆口氣的四十歲中期出現？或是因為中年是一段要克服艱難的時期，例如面臨離婚或孩子長大離家？但事實並非如此。因為膝下無子的人也會有這條U形弧線，而且這條弧線並不會受到教育狀況、收入與婚姻關係的影響，甚至也無關性別，無論男女都會遇到。

一如英國社會經濟學家安德魯・奧斯瓦爾德（Andrew Oswald）所強調：「造成中年危機的並非更年期，也不是性別角色模式。」只是女性可能會特別為此困擾，她們常認為自身魅力會隨著年齡的增長而消失。但即便有這樣的自覺，女性中年危機也並未變得可以忍受。在這段難熬的人生階段，無論男人女人都是極相似的。

連猴子也有中年危機

中年危機的背後似乎隱藏著某種普遍的生物現象，因為這項危機不只跨越了各個人類階層、種族、國家，甚至在猴子身上也看得到。

黑猩猩和紅毛猩猩都會在牠們生命的中期遇到轉捩點，在這個時期，牠們會表現出不滿足、愛找碴的行為，有時還會攻擊牠們的同伴。但是這些猩猩並不需要面對離婚問題，也沒有負債的壓力。

有關中年猴子壞情緒的相關知識，是出自曾研究猴子性格與滿足感的亞歷山大・懷斯（請參考第四章「你有『滿足』的基因嗎？」）。懷斯詢問了五百零八位黑猩猩與紅毛猩猩的照顧者，請他們評估自己所照顧的動物的滿足感，然後再將結果與這些動物的年齡加以對照。照顧者被詢問以下四個問題：他們很了解的那隻猴子，心情好或壞的頻率如何？牠能夠由與其他猴子的社會關係中獲得多少快樂？牠在達成自己目標時所獲得的成就感如何？如果讓這些照顧者當一個禮拜的猴子，他們會有多快樂？

結果顯示，不同的照顧者針對同一種動物都擁有相似的看法，而且無論這些猴子是住在日本的動物園，還是澳洲、加拿大、美國或新加坡，結果都一樣：全世界各地的猴子到了中年時期，都極其明顯地比這段時期之前與之後要過得不好，至少動物園裡的黑猩猩與紅毛猩猩明顯有著中年危機。

平均而言，猴子在三十二歲左右會達到心靈低谷——有鑑於牠們較短的壽命，其實時間點和義大利人是差不多的。因此，中年的痛苦或許並不是人類文明造成的，而是在生物學上就種下了根基，而且出生時便已被設定在大腦結構裡。至少懷斯是這麼認為的。

又或者，中年危機純粹是與社會學習有關呢？畢竟並不是每個人在中年時都會遭逢挫折或打擊，導致人生的某些大門不再為他敞開。

人到中年，已不再像二十幾歲的年輕人，有著許多未知的可能性，而且所有已度過四十歲生日的人都知道，自己的發展已經有限了，這輩子大概就只能這樣了，他可能也無法再開始念核子學，或完成那份好幾年前未完成的博士論文。到了這個年紀，如果我們對自己職務的進展不滿意，或者對另一半感到厭倦，可能會覺得自己被困住了，想做出改變，此時就會面臨一些將左右人生的抉擇，而且一旦做出決定就幾乎沒有重新來過的機會了。

老年時期的滿足

直到年齡逐漸增長，我們會越來越習慣於那些既有的機會，也學會與自己破碎的夢想妥協，因此滿足感或許在經歷數年的遺憾後會再度上升。

如果這個理論是正確的，那麼中年時的滿意度裂痕就有可能又是一次精神上的比較後果，畢竟「比較」在滿足感的領域占有重要的地位，不論是內心或外在皆然。（請參考第一章裡「別人都過得比我好？」一節）因此如果讓一個中產階級與社會地位較差的人來往，會比和一群物質生活比自己優渥許多的有錢人在一起，更感到滿足；如果有人在自己的朋友圈裡一直都是出手最闊綽，此人也會比較滿足。就這點而言，滿足感也取決於誰最先滿足自身的需求。而這種比較與對照會在中年時遭到測試：年輕時認為自己長大成人後的生活應該是怎樣的呢？那些期望實現了嗎？還是到了四十五歲，已經遠遠追不上自己當初曾有過的夢想？就這點而言，很多人的現實生活確實與他們曾嚮往的人生之間有著一大段令人痛苦的差距，因此他們並不快樂。

在《扭轉未來》這部電影裡，當布魯斯‧威利飾演的羅斯‧德瑞茲在四十歲生日前夕遇到了八歲的自己時，他感到非常丟臉：他眼中看到的是一個名為小羅斯的胖小子，他沒有朋友，非常害怕與人接觸，幾乎可以當成兒童心理諮商師的最佳範本了。而四十歲的成人羅斯是個自負但事業有成的形象顧問，開著名車，住在豪宅裡，他完全不願意去回想自己的童年生活。可愛的小羅斯同樣也不怎麼喜歡這個成年後的自己：他長大以後竟是這個樣子？怎麼不是動氣的飛行員？而是一個沒有老婆、沒有小孩，甚至沒養過狗的怪胎顧問？小羅斯認為長大後的自己根本就是個魯蛇。

羅斯最後還是有了好的結果。這個自私自利的傢伙在遇到了小羅斯後，終於對自己愛慕已久的女同事敞開心扉，最後和她結了婚，生了四個孩子，還養了一隻他從小就非常渴望擁有的小狗。

不過在現實之中，這樣的電影結局更令人不勝唏噓。實際的人生當然和好萊塢電影不同，我們既沒有預知能力，也無法讓時光倒流改變過去。幾乎每個成年人都會時不時在心裡將自己童年的夢想拿出來回味一番，並深深嘆息著。

來自蘇黎士大學的經濟學家漢納斯・許萬德（Hannes Schwandt）認為，年輕人往往好高騖遠。專門研究兒童暨青少年發展經濟學的他說：「年輕人會過度高估自己的未來。他們太過樂觀，認為自己就是那種不會離婚的人，會很有錢、會有好的工作和健康的小孩。」但是人們終會面臨真實而殘酷的人生，他們因而感到失望，因為他們根本沒找到理想中的工作，收入更完全不足以支付養一匹馬或住在別墅的費用。到了四十五歲左右，他們必須面對夢想未能實現的遺憾，而且也永遠不可能實現。他們再也笑不出來了。

許萬德分析德國經濟研究院進行十年共兩萬三千人的民調訪查，他一方面對受訪者究竟有多知足感到好奇，同時也想知道這些人會如何預測自己在五年後的滿意度。調查顯示，年長者不只比較能坦然面對錯失的機會，對於未來也不會有過高的期待，因為他們不再希望能做番大事業，他們已適應自己的人生，把標準放低，不再預期會有意外的驚喜，也變得更滿足了。

追求「滿足」的故事

慢活——「烤小一點的麵包」是聰明的選擇

約翰納斯・亞特霍夫已經很久不知「嫉妒」為何物了。因為他是人生勝利組，他才是別人需要嫉妒的對象。

他擁有所有人艷羨的一切，不但坐擁高薪與名車，位在科隆的豪宅更比他那些大學同學的住家大了整整四倍。

在不到四十歲時，他任職的公關公司老闆，已晉升他為部門主管。他熱愛這份工作，客戶們也非常滿意他的企劃，樂在工作的他，就算一週上班八十個小時，也不以為苦。

但在四十五歲那年，那種已被亞特霍夫遺忘許久的嫉妒感受突然湧現。那種感覺是在他接到一位老朋友打來的電話之後產生的。老友邀他一起碰面聚餐，他因為要加班所以婉拒。對話內容很簡短，和過去也沒什麼兩樣，但掛斷電話後，這位老友的話卻一直縈繞在他耳邊：「你不能來真是可惜，真懷念以前我們一起去酒吧的時光！」

頓時，他心中突然警鈴大作，像是有什麼感覺被喚醒了。「我已經完全忘記我有一位真正的好友，以及和他在一起是什麼感覺了。我是個工作狂，和別人聊天說笑總是讓我覺得很無趣。」他說。

自從那天通完電話之後，他不再覺得工作是件開心的事，反而自覺就像是工作時程表的奴隸，只是個聽命行事的機器人。他起床時心情也變得很糟。此外，他更醒悟到自己為了成功付出了多少代價、錯過了多少事物。從前，即使休假時要到公司加班，他也樂此不疲。但是現在碰到同樣的情況，只會令他感到疲累。如今已經四十八歲的他感嘆道：「我明白，其實我已經失去自我很久了。」尤其在他的哥哥生重病後，他也更體悟到，在生命結束之前，必須為自己真正活一次。

於是，亞特霍夫懷著忐忑不安的心情去找他的老闆，希望能減少工作量。一開始對方先是全然驚訝與不諒解，但在經過他真誠的解釋後，他的上司接受了他未來「想烤小一點麵包」的想法。此後，他一個禮拜只工作四天，星期五放假。工作減量雖然使他的收入少了二十％，但是卻多了五十％的休閒時間。

當然，不再把工作擺在第一位的新生活，也是需要學習與適應的。「剛開始我常常覺得很空虛，我已經不知道該怎麼放鬆和休息了。」他說，自己也曾感到恐慌與不安，畢竟要徹底翻轉生活方式，同時找到填滿休閒時間的方法，需要有強烈的意志力，並懂得借助外在資源。

早在二十年前，就已有「慢活」這個名稱，用來呼籲人們在生活中要放慢腳步，找回內心的平靜。不過如果想真正做到慢活的精神，必須改變既定的想法。

慢活的生活方式當時在美國掀起一股熱潮，根據美國的研究顯示，有將近一半的上班族曾經拒絕過需要延長工時、增加工作量的升遷機會。但慢活的觀念在德國的接受度並不高，人們鄙視那些在工作上不力求表現或不積極爭取升職的人。如果這種情形是發生在有小孩的員工身上，大家會比較能夠接受；但若單純只是為了要享受人生、讓自己更快樂，情況就大不相同了。亞特霍夫就表示：「很多人以為我應該是累壞了，或是生病了。他們完全無法理解我為什麼就是想少一點工作、多一點生活。」

時至今日，類似的期待與想法終於逐漸蔚為風潮。德國聯邦家庭事務部的研究報告指出，約有四分之三的男性與半數的女性希望能縮減工時。「這是因為人們在尋求更多的快樂與滿足。」來自哈根的顧問阿爾德・柯爾茲（Arnd Corts）表示。他本身就是個慢活人，而且也鼓勵人們朝這樣的目標前行。多年前他放棄市場銷售部經理的職務，成為自由工作者。他說：「擁有越少，可以獲得更多。」倍感壓力、持續過勞與不快樂的人，也不太會有好的點子。

不過柯爾茲並不建議在承受高壓的狀況下做出重大的決定。他認為身心俱疲的人應該先抽空休息幾週，仔細思考究竟是否應該慢活過日子，並且自問下面這些問題：我究竟想過怎樣的生活？我需要多少錢來支持這樣的生活？我的人生目標為何？我能夠充分發揮自己的能力嗎？除了能維持生計以外，我希望工作還能帶來哪些收穫？在既有的工作範圍內，有什麼是有可能改變的？我是否已經由於升遷而與我原先的志向與抱負漸行漸遠了呢？我是否已經不再做那些帶給我很多樂趣的基本工作，而是身居管理職呢？我真的想當主管嗎？

對亞特霍夫來說，自從他四年前放慢腳步後，至今仍不後悔當初的決定。「我覺得現在我對工作又充滿熱情了，我不再覺得自己只是一顆在完成任務的棋子，」他說，「此外我也發現，自己是有社交需求的生物，現在我也擁有自己的朋友圈。」

7. 疲憊女性的修復練習

「她是多了不起的女人啊！」有很多人像這樣，在心裡發出由衷的讚嘆，他們敬佩、崇拜，甚至是嫉妒著莎賓娜・強生。因為即便她公私兩忙，有那麼多需要處理的事情，她依舊可以精準順利地完成。

莎賓娜才三十八歲，就在一間大多數為男性員工的汽車企業裡晉升到主管位置，令人刮目相看。她擁有出眾的外貌，也常受邀演講，教導決策者如何改善企業文化。不久前她才剛跟丈夫還有兩個孩子，搬進許多人夢想中的獨棟豪宅。

但，莎賓娜自己卻是這樣想的：

早上：「我的天啊！我怎麼又是這個邋遢樣！看起來簡直就像照顧小孩整晚沒睡一樣。」

上午：「我又忘記幫蘇菲帶體育課要穿的運動褲！我最近太會落東落西了。」

接近中午時：「那個同事還真能言善道，我的反應怎麼不能再快一點呢？」

午餐過後：「窄裙太緊了，我應該只吃沙拉就好！」

下午：「這個專案的計畫不是最理想的。我表現這麼糟，還有可能再升官嗎？」

下班後：「我現在完全不想陪魯本玩，我真是個不稱職的媽媽！」

晚上：「又要陪老公看這部沒水準的影集了，我還寧願看本好書。」

睡覺時：「我累到除了睡覺之外，沒辦法再去想其他事了。我老公呢？我想他一定覺得我已經完全失去魅力了。」

另一方面，莎賓娜的丈夫則是想著：

「不管是大家看到的表象，還是對於我老婆的那些看法，全都不是他們想的那麼回事。」

女人比男人更缺乏自信

女人比男人更常懷疑自己，而且甚少真的對自己感到滿意。

來自慕尼黑的溝通顧問波瑟（Dorothee von Bose），多年來為巴伐利亞電視台規劃並主持脫口秀節目。她說：「如果脫口秀的工作人員打電話給一名女性，詢問她是否願意到節目裡來談談某個主題，對方通常會拒絕。」原因多半是：這個主題我不是很了解、完全不是我擅長的領域、我的看法或許會比較另類……等。相反地，如果是男性，大部分的人在還未了解究竟要談什麼主題前，就會先爽快地一口答應。

能力傑出的女性在面臨爬上顛峰時往往會有所遲疑。她們會收斂自己的光芒，需要有人推一把才敢繼續前進。如果有某個優秀的男同事要與她一較高下，她很快就會放棄，自願投降。她們寧願不去要求加薪，以免聽到主管對她說，她沒有自以為的那種價值。如果她們真的很有成就，也常會覺得自己只是運氣好罷了。

導致這種現象的原因，不只是因為女人較無自信，也因為她們對自己的期望比較高。男人常高估自己的能力，當他們回顧一整天的工作時，他們通常會覺得很滿意；相對地，女人則比較完美主義，認為自己還有改進的空間。

此外，女性也自小就被母親要求要整潔、可信任、有效率，而且還要有同情心、懂得應對進退、關懷他人，但她們可能一輩子都達不到這種高標準的要求。

從事職場及婚姻諮商的愛娃—瑪麗亞‧楚爾霍斯特（Eva-Maria Zurhorst）以自己為例表示：「我結婚了，有很棒的家庭和一份我真心喜歡的工作，而且我也很有成就。理論上我應該心滿意足了，但是我並沒有。我也常常會有『應該要更好』那種揪心的感覺。」追尋滿足變成了她的任務與渴望。她說在自己的諮商課上，她也和參加者們一起「走在追尋更多滿足的路上」。

曾經有位年輕的女諮商師，在一場課程結束後頗獲好評——除了教室裡的一位男性給予負評以外。對方說，我毫無所獲。光是這句話就令人夠難受的了。這位女諮商師並沒有因為其他絕大多數課程參與者的讚美而感到開心，僅有的那一句批評讓她耿耿於懷好幾天，認為自己是失敗的。但如果男人面對同樣的情況，他們或許只會在乎好的評語。

當然這種女性比男性自我要求還高的情況並非絕對，不過已有許多有關男女自我價值感與滿意度的研究證實，這種傾向的確是存在的。德國一份大型問卷調查就揭露了這樣的差異性。紐倫堡的捷孚凱市調公司在二〇一〇年接受《健康》雜誌委託所做的兩千份問卷裡，有三分之一（三十三・一%）的女性坦承，當她們遭到批評時，會受到巨大打擊，但同樣會因遭受負評而覺得受挫的男性卻明顯較少（二十三・七%）。甚至每五名女性中就有一位承認，自己長期苦於自我懷疑，而且很害怕被人拒絕，而同樣狀況的男性只占七分之一（十四・四%）。

這是因為女性的自我認同度較低。「對自身有高度評價的人，會對自己的人生與自身都感到滿意，對婚姻或戀愛關係也很滿意，而且成就也較高。」班堡大學的人格心理學教授許慈（Astrid Schütz）這樣說。但如果女性對自己有很高的評價，多半也只是因為她們認為別人對她們的評價很高，而不是源於自我肯定。

女性會用負面的評價敦促自己

自我價值感——也就是「我們究竟是誰」以及「我們擁有多少價值」的看法，基本上源於三條不同的分流。首先是自我觀察，一個人由此確信自己的價值；接著是我們自己與他人之間的比較；最後是別人對我們的看法。

男性的自我認同常常是出自與他人的比較。相反地，女性卻有較強烈的依賴感，也就是需要，並且也相信他人對她們的看法。對女性來說，被人認可與接受是很重要的。女性總會不斷地自問或詢問周遭的人：我好嗎？我真的夠好嗎？

但對社會認可的依賴並不是自我價值感的良好來源，因為如果一個向來給予肯定的支持者突然有天變成了可怕的批判者，或者身邊的人吝於讚美怎麼辦？再進一步說，我們經由對別人的印象而產生對自己的看法，也可能完全是錯的。

舉個例子。女性在演講時，如果有人在中途離席，對此，許多女性講者表示她們會覺得不高興。但其實只要這些聽眾並不是在發生噓聲的情況下離場，那麼他們離開就不一定代表他們不喜歡這場演講。有可能他們其實稍後還有別的約會，但是又對這場演講或講者很感興趣，因此想至少來聽一聽開場，然後抱著不能繼續聽下去的遺憾離去。對此，科隆的資深商業顧問莫里恩（Birgitt Morrien）認為：「即便是同一件事情，我們也往往可以從兩種完全不同的角度來解讀。要永遠保持冷靜，頭腦清晰，在懷疑中選出正面的選項。這非常重要。」

由自身出發進而了解自己的人，才是真正有自覺的。即便他面臨婚姻失敗、與朋友絕交，或別人突然不再給予讚美等糟糕的狀況，他的自我價值感也不會改變，這種人也不太會被勝利沖昏頭，又或需仰賴別人關注才能肯定自己的成就。

想透過比其他人更有吸引力、更成功、更富有或更有運動細胞來建立自我價值的人，終有一天會重重摔落在他高期望的自我形象裡，發生的時間點會是在當他老了、頭禿了、身體衰弱了、因為離婚失去經濟來源而必須把房子賣了，或是必須承擔工作上的重大失敗時。

但即便如此，男性還是比女性更常利用「社會性比較」（如：職位、房子、車子），因為他們會用一種非常精明的方式來使用這些自我價值感的來源：他們不是隨機地和任何人比較，而是與那些比他們自己更失敗的人做比較。因此男人們若是在聊完天後心滿意足地回家，往往是因為他們剛剛在聚會裡看到了一些正身陷麻煩或無法獲得肯定的人，而心中暗爽。

相對來說，女人則會懊悔地不停想著之前所說那句可能不太聰明的話，或是拿自己的表現和群體中的領頭人物做比較，而那個風雲人物可能是才剛做完第一千場脫口秀的演講達人。尤有甚者，女性還常將自己與某個理想形象做比較。在這樣永無止境的比較之下，失去自信與失敗是必然的結果。

這樣看來，男性的比較不只較精明，也較接近現實，也因此最後男性對自己的看法會更符合事實。

保持低調的必要

在此要特別探討的，是介於自我形象、他者形象與實際狀況之間的分歧。這些評價的真實性是可以經由測量得知的，對自身體重的看法就是一例，女性在這個問題上對自己更是吹毛求疵。

幾年前亞利桑那州立大學的營養學家克里斯多夫・霍頓（Christopher Wharton）的一份研究，找來三萬八千位平均年齡二十歲的學生，詢問這些年輕人，認為自己是過胖、過瘦或剛剛好，然後再將這些看法與受測者們真正的BMI值做比較。研究結果顯示，年輕男性對自己的體格充滿了驕傲自豪，而女性對自己的身材則是不滿又自卑。

事實上，有七十一%的女性體重正常，但只有五十五%的女性受測者這麼認為，甚至還有三十六%的受測者覺得自己太胖了，而她們之中真正過重的只有二十二%。

相對而言，男性對於自己的啤酒肚則非常寬容。其中有五十八％的人體重正常，持同樣看法的也有五十六％，兩者相去不遠。另外，雖然BMI值顯示有三十九％的男性過胖，但卻只有二十六％這麼覺得，而且甚至還有十六％的人認為自己過瘦，但從數值看來，只有三％的人是真的太瘦。

女人究竟多會利用負面評價來批判與敦促自己呢？一份有關外貌滿意度的研究，針對九十五對年齡在三十五歲以下的情侶，詢問他們對自己與另一半的外型有何看法，並根據七張身體不同部位的圖片來指出答案。結果顯示：女性不只自認肥胖，也認為自己比另一半所希望的還胖。此外，年輕的女性也堅信，她們的男友或先生只是出於禮貌才會說她們並不胖，而且兩人在一起的時間越久，這種想法就越堅定。

針對這種自我觀點與現實之間的差異，性別研究專家西佛丁（Monika Sieverding）也在職場方面提出相關的證明。她在經過虛擬情境設計後的面試中，測試男性與女性的自我評價，以及他們實際的表現。受測者們必須證明自己的能力，再於事後陳述，他們認為自己是如何打敗眾多求職者脫穎而出的。西佛丁說，男性會將自己拿來與這份虛擬工作的真實求職者做比較，同時做出「自己的表現非常好」的結論，至少絕對不會比他們的競爭者差；反觀女性則是將自己和想像中的理想形象做比較，也就是說，她們在打一場沒有人會贏的仗。

為何兩性的自我評價如此懸殊？原因尚且不明。不過或許這種自我批評的態度其實並沒有那麼負面，女性甚至可能因此在某些情況中獲益。關於這點，可以透過演化生物學來解釋：女性之所以比較在意他人的評價，是因為她們需要群體的幫助與保護。女性無法如同男性好好自我保護，主要是因為早期在懷孕期間以及養育小孩時，很需要族群中所有的女性成員團結一致，所以如果某個女人脫離了群體、覺得自己高人一等、出類拔萃，或者企圖往上爬時，彼此也會互相批評，有時甚至會做出很冷酷無情的舉動。

莫里恩還發現女性常有負面自我印象的主要原因：「那些在團隊中特別出眾、特別有成就、特別懂得自我肯定的女性，最後都被當成女巫綁在柴堆上焚燒，這種現象持續了數百年之久。當時發生的集體殺戮至今還影響著我們：成功的女性會被妖魔化、否定與譴責。無論那些批判是出自男性或女性。」由於這種批判攻訐太過激烈，因此女性常很害怕在群體中變得太顯眼，也害怕成為主講人或領導者。「如果我們總是惶恐不安的話，又如何能感到滿足呢？」莫里恩問到。

許多女性因此決定，寧可安穩留在那個給予她們溫暖與認同的群體裡，或者不斷表現出自己並不想脫離團隊。「我根本不算一個真正事業有成的女性！」就連文章一開始提到那位很成功的莎賓娜，也常對她的女性友人這麼說。這句話代表的意思就是：請別討厭我。

由於女性向來很少對外求援，因此她們都將注意力放在內在的探尋上，也就是專注於情感與直覺。莫里恩說：「直到今天，女孩們仍被教育得特別敏感，我們的感應器在這方面一直接受著特殊的訓練。」而且這個感應器不只能接收到正面觀感，也可以接收到負面觀感。女性雖然整體而言情感較豐富，但同樣也有較多的負面情緒，當她們背負著壓力時，會比男性更緊繃、更恐懼或更悲傷。

更多的選擇，也背負更多的壓力

限制女性足不出戶的時代早已過去，女性的經濟條件與權益也比從前改善許多，但女性並未因此而覺得更幸福快樂。自一九七〇年起，相較於男性，美國與西歐女性主觀的幸福感甚至還下降了。

幾年前，美國經濟學家史蒂文森（Betsey Stevenson）與她的另一半沃爾菲斯（Justin Wolfers）就發現了這個現象。這顯現了一種新的矛盾：女性不是應該比以前過得更好嗎？但顯然並非如此。他們發現，所有女性比以前更不快樂，而且對許多重要的生活層面感到不滿，如工作、婚姻、健康與經濟狀況，無論是已婚女性或單身貴族，職業婦女或家庭主婦，擁有高學歷抑或是未受過專業職業訓練的女性，全都有這種狀況。

我們或許可以得出下面這樣的結論：婦女解放運動對女性根本沒有幫助，女人一如既往，只有在為丈夫與孩子犧牲奉獻時才能獲得認同，並覺得幸福。事實上，躲在英雄背後會讓她們有安全感，在那裡，她們不需要操心未來、金錢或其他繁雜的瑣事，可以全都交給她們的丈夫一肩扛起。

然而，就邏輯而言，這些情況是說不通的，照理應該是：就是因為覺得不快樂，所以才會想要有其他的選擇。但為何一旦真有了更多選項，卻仍然不快樂呢？其實女性之所以不快樂，是一種「選擇悖論」所造成的——一個人若擁有太多選擇，就需要更多的時間和精力對選項進行過濾，勞心費神，因此會越不快樂。又或者可以說是種「選擇壓力」——人們究竟選擇了什麼並不重要，在必須做出選擇時，就會感受到壓力，而且即使已經做出抉擇，人們仍會一再自問，是否其他的選擇會比較好。

如今，年輕女性的人生已經不同於前兩個世代，她們的未來不再被預先規劃好，她們擁有無限的可能去塑造自己的人生，不過也會因此痛失許多機會。對女性來說，她們比男性更有感於選擇自由的矛盾，因為她們更常面臨選擇，例如該選事業還是家庭。

除此之外，經過數個世紀的努力抗爭，女性仍舊認為兩性未達到真正的平權。女人在辛苦工作了一整天後，多半還是要做比另一半更多的家務，並且花更多心思在孩子身上。她們比從前更強烈意識到這種狀況，因此就會覺得更不滿。

女性是否滿足的情緒，甚至足以決定一段關係的甘苦與離合，因為夫妻最終的滿足度主要取決於女方，如果女方覺得幸福快樂，那麼這段婚姻就能維持多年；反之亦然。而男方的想法相對而言對婚姻是否能長久維繫，是比較不重要的。這是二〇一四年在紐澤西羅格斯大學的科學家，根據近四百對老年夫妻的數據資料所得出的結論。這些受測者平均的結婚年齡是三十九歲，研究者主要想知道的是，這些夫妻覺得自己受到另一半的尊重嗎？是否常吵架？是否了解對方的感受？受測者還要寫日記，將自己在過去二十四小時裡的快樂程度記錄下來，例如在購物、看電視或做家事的時候。結果顯示，如果夫妻越珍惜彼此的關係，他們對人生就越感到滿足。

即便丈夫覺得自己的婚姻或許不是那麼美滿，但只要妻子覺得幸福，他們也就無所謂了。這是因為重視自身婚姻的女性，就比較願意為丈夫多付出一些，而這樣的態度又對丈夫的人生有正面的影響。男人本來就比較少與人談論自己的婚姻關係，以至於他們的妻子或許從來就不知道另一半幸不幸福，而丈夫也很少告訴妻子自己是否快樂。

少些負面想法，多點正向包容

莫里恩會教導她的客戶要經常練習與自己對話，她說：「我希望能強化他們的自信，以克服人生層出不窮的逆境。」

女性常常由於自卑而自貶身價，並專注於負面事物（例如：體重），甚至產生幻想與錯覺，常常自責、抱怨，而無法正面思考。就這件事而言，我們至少應該對自己更正向一點，也要更寬容，並且告訴自己：我們完全無法得知，別人究竟是如何看待另一個人的，所以，就別太在意吧！

同時也要提醒自己，心中的懷疑終歸也只是揣想。我們確實可以給予自己反饋，以自我反省的角度去探究背後的原因，不過也不要對自己太嚴苛。

對自己友善一點的方法，是先練習對別人少一點批評。因為容易苛責他人的人，常常也會以負面的角度看待自己。挑剔或唱衰他人，或許意味著某種優越感，但卻會讓自己看任何人或任何事都不順眼。抱持負面眼光，既無法發掘別人好的一面，也會無法發現自己的優點。

追求「滿足」的故事

「完美」並不美：奉行高標準而崩潰的母親

在阿爾卑斯山區的韋爾塔赫河畔，沿著美麗花園與白色教堂蜿蜒而上的村莊小徑盡頭，有間聖瑪利亞療養院，來自德國各地的許多媽媽，都到此休息靜養，因為她們已經筋疲力竭了。這其中包括了三十四歲的佩特拉・翡冷翠。

翡冷翠有一雙兒女，分別是七歲的女兒與五歲的兒子。繁重的工作與家務，讓她常在過勞邊緣掙扎著，在家人先後染上鏈球菌後，辛苦的照護更使她身心俱疲。她覺得自己應該遠離這些日常瑣事一段時間，因此，她來到這間聖瑪利亞療養院。

這間療養院是極少數針對母親康復所設立的醫療院所之一，母親們可以不帶著孩子來到這裡靜養，這對佩特拉來說是非常幸福的事。不過一開始這並不容易，她必須經常練習多為自己著想，才不會在每次由於內心平靜與自由而感到開心時，隨即良心不安地自責拋棄了家人。她說：「我真的必須學會改變想法。我一直告訴自己：家人沒有我也能好好過下去，雖然生活會不太一樣，但總能應付的。」

負責在療養院裡照顧媽媽們的家庭科醫師賈許勒（Gabriele Gaschler）說，以前來休養的病人，多半是有呼吸、肌肉或骨骼系統的問題，但現在幾乎所有病人都有慢性疲勞、乃至於過勞的現象，這些症狀其實是無藥可醫的。他們也有失眠的困擾，覺得內心被掏空，失去了快樂與活力，很害怕自己再也撐不下去，這是種同時帶有憂鬱症狀的過勞症候群。

「十年前，我們這裡抱怨自己有過勞症狀或壓力導致心理問題的病人只有四十九%，如今已高達八十六%。」母親康復之家的負責人許琳（Anne Schilling）說。對於這種戲劇性的增長，她也提出解釋：「這與女性日益增加的負擔有密切的關係。雖然我們都很希望在日常生活與工作當中獲得平權，但還是得按照傳統角色分工的現實，使她們無法如願。」

照顧全家人生活的這個重擔，絕大部分依然落在女性身上。翡冷翠也遇到了同樣的狀況。「在進療養院之前，我必須二十四小時隨時待命，就連半夜也是如此。」她回憶道。直到她兒子三歲大為止，她每天晚上都會醒來兩小時，但她丈夫幾乎不知道這種情況。她長期獨自忍受著睡眠不足的困擾，而且還不斷自責：「我怎麼會覺得這樣對自己太嚴苛了呢？我們的母親不是也全都這樣熬過來了嗎？而且當年還沒有洗衣機和線上購物呢！」

她並不是個事事都要求精準完美的人，但她希望能把自己與家庭都打理得很好。她對於和諧家庭的樣貌、美滿的婚姻生活、孩子該受的良好教育，都有著理想且確切的想像。然而她每天經歷的，卻是無法將這些要求都逐一落實的殘酷現實，這種狀況逐漸讓她精神衰弱。她自責且覺得挫敗，內心傷痕累累。

現在，翡冷翠已經懂得要調整自己的心態，也有了更務實的態度。例如，以前她總想要全家一起愉快地共進早餐，但卻一再發現，這件事根本就行不通，因為每天早上都會有人因為起床氣而大吼大叫，或是孩子因為要趕著去上學而氣急敗壞。如今他們家每個人都各自吃早餐，因為這樣做才符合大家的需求。

又例如女性多半非常有責任感，相較之下，男人則很有劃清界線的潛能。翡冷翠如今會放手讓先生幫忙做些家事，又或是對某些曾很在乎的事情睜一隻眼閉一隻眼，例如用餐後碗盤還放在桌上沒有馬上清洗，或是剛從洗衣機裡拿出來的衣服還皺巴巴地就被晾起來，她也學會不再放在心上。

一如賈許勒醫生建議，女性要以全新的角度看待自己的人生。大部分病人一開始時很難發現，究竟自己喜歡什麼樣的生活方式。「當一個人忙到不可開交時，創造力往往是人們最先失去的特質，因為我們會認為那並非是生活的必需品。」她說。但是如果給自己一段緩衝時間，許多女人就能逐漸重新投入創意性的活動之中，像是做手工藝、寫作或演奏音樂。

休養生息後的翡冷翠，懂得給自己更多的休息時間，光想到每天的獨處時光，她的嘴角就會不自覺上揚。對媽媽們來說，讓大腦處於平靜的休息狀態就是儲備能量的利器。

8. 滿足心理學

如果你們公司的員工餐廳裡有多種餐點可供選擇，那麼你可以做一場關於滿足感的祕密測試。你一定會發現有種同事常說：「天啊！你盤子上的鮭魚看起來真好吃！或許我也應該去拿一份。」

這類型的人，總認為別人碗裡的食物比較好吃。但或許是猶豫不決而過於謹慎，也不太有好奇心，所以他們寧願選擇那些常吃的食物，因為不去嘗試就不會感到失望。其實這真是大錯特錯！正是由於這種思維，才讓人常常覺得悔不當初。

許多人因為不敢嘗試，或沒能把握住天外飛來的一個奇思妙想，到頭來對於自己的怯懦感到失望，最後讓自己活在悔恨中，覺得人生真是倒楣透頂。

好奇心是滿足的重要特質

在通往更幸福的道路上，好奇心是決定性的因素。想幸福就得冒點險，不要只做自己喜歡或擅長的事，越過舒適圈的邊界，你就會得到幸福的獎賞。

那些在日常生活中經常感到好奇的人，對生活更滿意，也會做更多讓自己快樂的事。喬治梅森大學幸福促進中心的心理學家陶德・卡什丹（Todd Kashdan）說：「好奇心在當下給人的感覺並不那麼舒服，但它卻是讓人變強大與睿智的最直接途徑。」

在他進行一項研究，找尋究竟是什麼原因使人們感到滿足時，意外發現了好奇心的意義。他請近百位受測者連續三週寫下自己每天的所作所為以及當下的感受，結果明確顯示：那些常常表現出好奇心之人，對他們人生的滿足度最高，這些人也最常去從事一些會讓自己快樂的活動。

因此，為了獲得滿足，我們必須常做些自己熱愛的事，如聽喜歡的音樂或和摯友見面，但時不時也必須從事一些複雜的、沒有把握的新事物，並接受挑戰，即便很困難、不確定能否成功，且在克服問題的過程中會感到不安。

冒險的結果有可能是以失敗告終，無疑地，踏上未知領域，可能會困難重重，也可能會令人失望，又或單純只是覺得很無趣，因此充滿好奇心之人都會準備好要承擔某種程度的風險。

不過我們也不必為了要從好奇心的正面效果中獲益，就立刻去跳傘或換個新工作，即使只是嘗試小小的活動，或做些許的改變，也足以增加我們對自己與對這個世界的滿足感。例如試著獨自去逛逛博物館，或接受一場無法預知結局是否美好的晚餐之約，因為那些讓我們覺得焦慮、不自在，或甚至會有點不安的處境，最後都會成為我們最難忘懷，也最充滿回憶的時光。

當我們向陌生的世界挺進時，生命會因而更豐富，視野也被打開了。當我們讓好奇心帶領著自己時，就是在學習獨立自主與掌控的能力，那些起初會讓我們覺得不安的情況，代表著一塊能讓我們成長的跳板。

在幫助人們邁向滿足之路有莫大助益的好奇心，常常還會伴隨下面幾項正面特質。

一、擁有開放的心胸

會對新奇事物感興趣的人，通常心胸也很開放，不會劃地自限，而且擁有某種程度的現實感，他會感覺到人生正發生改變，而且也很喜歡這些變化，即使這些改變一開始似乎讓人不太自在。

二、抱持希望，樂於助人

好奇心還有其他對滿足的人生有利的特質，即充滿希望與樂於助人。希望是成就所有事物的動力，一個人若沒有希望，便不會相信事情會進展順利且可能成功，他不會全力以赴，因此也無法發展出令人滿意的結果。

樂於助人也是很重要的。幫助他人或行善會讓人快樂。團結、慈悲與無私。這種慷慨、無私的心態，不只是社會的黏著劑，同時也能賦予人生意義，而此意義就是滿足感的基礎。

三、懂得感恩

不把一切視為理所當然，而是珍視自己所擁有之物，並對萬物懷抱感謝之心，也是決定人生滿足的重要態度。感恩就是對自己的生命表示讚嘆、感激與謝意，藉由了解自己的境遇有多幸運（否則可能會更糟），讓自己看見事情正向的那一面，轉移壞心情與負面思考。

加州大學河濱分校的心理學教授索妮亞•柳波莫斯基（Sonja Lyubomirsky）就認為施比受更有福。她發現做六週的善事後，人們對生活的滿意度明顯提升了。這也適用於那些能善用幫助之人。

有個研究證實，罹患神經性疾病多發性硬化症的女性，如果成為其他有同樣病症者的導師，她們的病況將會好轉，也會變得更快樂。柳波莫斯基說：「這會引發一連串正面的社會成果：我們覺得自己變好了，意味著其他人也會更正面地看待我們，而這又會促進我們的人際關係。」

總之，對彼此友善是開啟滿足人生的金鑰。心愛的伴侶、值得信賴的朋友、充滿愛的家庭等，都對滿足感有著極大的幫助，就連寵物帶來的溫暖力量也不容小覷。

關於滿足的有趣研究

幾年前，倫敦一項研究非常精確地計算出社會關係的價值，這個名為「為朋友標價」（Putting a price tag on friends）的研究，運用英式幽默給了朋友、親戚與鄰居一個價格標籤。此研究發現，如果人際關係能獲得改善，與這部分有關的人生滿意度價值，等同於年薪上漲至大約八萬五千鎊（約當時的十二萬四千歐元）。

就這個觀點而言，最重要的關鍵因素，是擁有固定的另一半。因為與自己及世界達成最和諧程度的那些人，他們人生絕大部分時間都是和同一個人一起度過的，而滿足感特別高的人，比較不容易和自己的伴侶離異。

雖然良好的人際關係無法保證一定會具有較高的滿足感，但卻是讓人覺得此生足矣的先決條件，不過這裡指的並不是FB、IG上的那些朋友。今日的人際關係常常已經失真，社交網絡中與某些不熟識之人的偽關係，只是提供一種共同體或同溫層的假象，和這些人的第一次見面可能也是最後一次，從此不復聯絡。

滿足研究者還時常會提出某些具有簡單因果關聯性的推論，例如經常看電視的人似乎對人生感到極不滿足。根據顯示，德國各州幸福滿意度的「幸福指數地圖」

（Glücksatlas）指出，每天看電視超過兩個半小時的人，跟看電視時間少於半小時的人相比，其人生滿意度是較低的。但這裡我們就遇到了是「先有雞還是先有蛋」的前因後果問題：看電視真的會讓人不滿足嗎？可能特別常坐在電視前面的，本來就是那些不快樂、也不太知道該如何利用時間的人吧。不過，當然也可能長時間看電視這件事真的就是不滿足感的肇因。

即便如此，電視對我們的人生還是具有負面影響，因為持續看電視會讓人變得孤獨與沉默，即使是兩個人一起坐在螢光幕前也同樣如此。紐倫堡應用技術大學的政治經濟學家暨幸福學者盧克里格（Karlheinz Ruckriegel）說：「我們可以利用時間去做一些有意義的事，例如強化人際關係，或者從事公益活動，相較於被動地看電視，這兩種活動都對我們的滿足感大有幫助。」

快樂的上限是多少錢？

對大部分的人來說，每天為五斗米折腰，身心俱疲，可能是生活不快樂的主因。然而，一旦衣食無缺，人生是不是就會更快樂呢？

金錢不是萬能，但沒有錢萬萬不能。有錢肯定會使人幸福快樂，「讓收入達到某種程度」對滿足感來說是很重要的。但是，當金錢到達一個特定的額度後，即使賺再多，也不會讓人有更多的快樂。諾貝爾經濟學獎得主丹尼爾・康納曼（Daniel Kahneman）和安格斯・迪頓（Angus Deaton）就透過共同的研究發現，當年收入一旦超過七萬五千美元（折合該研究報告當時的匯率約六萬歐元。——註）日常的幸福感就不會再增長。

快樂可以分成兩種，一種是「情感幸福」（Emotional Wellbeing），即我們每天感受到的快樂、悲傷、緊張、憤怒、愛憎等；另一種快樂是「生活評價」（Life Evaluation），就是一生的評價及滿足感。在財富增加的同時，透過捐款、做公益的活動，能獲得人生更大的成就與滿足。

高收入雖然可以增加生活評價，但心情、情緒、感覺的情感幸福滿意度到年收入七萬五千美金這個門檻就會停滯不前，即使提高收入也不會有明顯的效果。這顯示，如果你有很多錢，的確可以改善生活滿意度，但不代表你可以獲得快樂。將

註：約新台幣兩百萬。

「生活滿意度」與「幸福」混為一談，是錯誤的。

「只有某個限度之下的金錢能讓人快樂」，就這點而言，本書之前已提到的「幸福悖論」（請參考第三章「滿足是一種性格特徵」）就格外發人深省。

對於「賺得越多未必就越快樂」這件事，康納曼也提出另一種解釋。他表示：「也許當一個人的年收入超過七萬五千美金後，就代表這個人耗費了大量的時間在工作與賺錢上，不可能有餘暇去從事那些會讓自己感到幸福快樂的事，譬如和親友共度、醫治病痛，或享受休閒時光。」

與人分享，能獲得加倍的快樂

無論在家庭、團體或職場，如果我們能感覺到自己至少是與某個人相互連結在一起，可以與對方分享自己的煩憂與成就，對滿足感會有莫大的助益，尤其對「分享成就」這件事更是如此。

很多人會顧忌向他人訴說自己的功績，因為人們並不想被當成追逐名利或野心勃勃之人，也絕對不想引起朋友妒忌。就這點而言，聖塔芭芭拉加州大學的心理學家蓋博（Shelly Gable）認為，我們向來都認為所謂的好朋友，是當我們遇到挫折或困難時可以讓我們吐苦水，不過這似乎只是好朋友第二重要的任務。與好朋友是否能在需要時伸出援手相比，如果能與對方分享快樂時刻、一起慶祝自己的成就與喜悅，這種感覺顯然更令人快樂。因為將正面的經歷告訴一個能專注聆聽且同理你的聽眾，會改變我們對這個經歷的記憶。如果我們對某個好友傾訴，自己如何在舞會時認識了一個很親切的人，那麼這次的記憶，將會變得更美好，也會記得更久。此外，分享也有益於那位參與這份喜悅的聽眾，因為無私的心情會讓他更開心。

對戀人或夫妻來說，一起分享快樂也是很重要的，蓋博強調：「如果當一方獲得成就時，另一方卻無動於衷，甚至冷嘲熱諷，這段關係很可能就會破裂。而共同慶祝對方成就的夫妻，更有可能感覺滿足、幸福。」她曾在校園裡為她的實驗招募平均年齡二十二歲、且彼此已交往超過半年的九十七對情侶。研究結果顯示，當他們聽到另一半的好消息時，如果他們真心感到喜悅，為此慶祝，而非只是稍稍聽一下馬上就打斷說道：「噢，那真的很棒，但你知道嗎，我怎樣怎樣……」那麼他們的關係就會更持久。

增強鈍感力，人生更滿足

覺得幸福、滿足的人有一種「鈍感」，也就是說，他們內心充滿喜悅，行動積極，但卻不太具有現實感，對許多問題根本視而不見。此外，他們也甚少持懷疑態度，不過分注重細節。相反地，情緒低落的人則很容易注意到別人臉部表情的細微變化，也會對皺眉、撇嘴、翻白眼之類的表情過度解讀。

皇后大學心情實驗室的心理學家凱特・哈克尼斯（Kate Harkness）發現，悲觀者的眼力會特別敏銳，就連他人的不經意之舉也會特別在意。舉例來說，如果心情憂鬱的人在路上遇到了某個人，對方只是友善地問了句：「你今天好點沒？」臉上一邊的眉毛微微挑起，這個憂鬱的人就會加以放大檢視，立刻防備性地自問：對方的表情背後可能隱藏著哪些意涵？他是否會在背後中傷我常翹班？他是否正計畫什麼陰謀詭計？僅僅是一個友善的提問，卻被認為是居心叵測。

相反地，一個心滿意足的人，根本不會察覺到對方臉上的這些表情，即便是一抹嘲諷的冷笑，他也不以為意，因此不會讓自己被這種小事擾亂心情。人之所以會較滿足，是否是因為不會讓自己因某些不快的鳥事而壞了心情？又或者反過來說，滿足是能刻意忽略某些事物的先決條件？關於這點我們並不清楚。無論如何，滿足之人似乎天生就能撐起情緒保護傘，對人或事物大而化之，不太會去注意許多細微末節。

當然，這並不是說我們應該對所有責任都採取自由放任的態度，注重細節是有其優點與必要的；但是過度關注細節會讓人筋疲力竭，失去活力。如果一心追求完美，也希望能與每個人都保持完美的互動，注定會以失敗告終。

此外，滿足的人不只會以輕鬆的心態看待周遭，對自己也是秉持一樣的態度。他們不會一直用批評的角度檢視自己，也不會對要承擔的責任抱怨連連。簡而言之，滿足之人較不會去分析，他們不會像完美主義者或悲觀主義者那樣不斷在雞蛋裡挑骨頭。他們知道，星期天偶爾翹一次健身課，在家看看電視或大吃大喝一頓，也不會怎樣。但在其他狀況下他們又會嚴守紀律，因為如果一味貪懶，好逸惡勞，就可能無法再為偶爾的違規行為真正感到開心，也無法敦促自己遵循一個清楚明確的目標。而生命中的目標不只帶給我們意義與規範，它也讓我們感覺到自己是有用的，我們因此更能夠容忍人生道路上的負面情緒與逆境。

相信大家都聽過「半杯水思維」。完美主義者和悲觀主義者，當他們遇到突如其來的好事時，起初也會感受到幸福，只是這種感受並不會持久，也稱不上是滿足。因為完美主義者會覺得那件好事還不夠好，而悲觀主義者則很快就會聯想到負面後續效應，因此他們不會因為自己的所獲而真正感到滿足。

相較於此，滿足的人會承認生活充滿失望，挑戰無所不在，但他們也會容忍不如意與挫敗，並根據環境調整心理狀態、改換心智模式，進而在任何環境中都得到正向且積極的結果。

追求「滿足」的故事

知足：擁有的多，不一定讓人滿足；擁有的少，不一定讓人貧乏

早在菲力克斯・柯法德福里克的孩提時代，他便對「人為何要以工作為人生目標」感到困惑。他認為一個人被綁在固定不變的工作裡無法動彈，就如同在販售自己的生命。因此他從小就下定決心，這輩子絕不要被工作束縛，對於人生，他要擁有更多的選擇權！

如今五十六歲的他，每天早上六點半起床，在充滿清新活力的早晨，先為自己泡杯咖啡，然後什麼事也不做，就只是靜靜地與自己獨處。「我享受著美味的咖啡，也傾聽自己的心聲，這是一天美好的開始。」他說。

悠閒就是他的生活態度。他大學時曾先後就讀社會系和經濟系，畢業後只做過一年的全職工作，那個工作讓他更加深刻體悟到自己完全不適合受限於固定的職務。在那次離職後，從此他的座右銘便是：每週工作不超過十五個小時。

柯法德福里克在三年前成為陪伴行為偏差孩童成長的獨立工作者。他希望能讓這群孩子變得堅強，擁有光明的願景。他認為這份工作是很自由的，不但開啟了孩子的新世界，也因此找到屬於他自己的人生道路。

他利用短短幾小時工作所賺的錢，便足夠支撐生活開銷。因為他沒結婚，而女友也和他秉持一樣的生活態度，所以這樣的生活方式對於他們而言完全沒有任何問題。

像這樣，不想因為更多的花費而做更多的工作，而是出於自主性選擇了較低的收入與消費，這樣做並不會有損人生滿意度。

「雖然我的工作時數少，就物質上來說並不富裕，但我覺得我很富有，因為我有充分的時間可以享受並思考人生。」柯法德福里克說。

他也曾有好幾年完全沒有固定的工作，甚至還曾住在一個小菜園裡，過了十七年沒水、沒電、沒電話的生活。政府當局在二〇〇四年發現這個狀況後，便要他找一處真正的居所。但至今他仍覺得住在小菜園的那段日子非常愜意，很貼近自然生活，而且很省錢。

德國的社會學家發現，消費最少的十％德國人，他們對自己的滿意度並不亞於全國平均值——只要他們「不是全國收入最少的那十％」。那些反對消費的人，在人生滿意度量表（滿分十分）上也能達到六・九的分數，而全國平均值則是七分。

早在一九九〇年，柯法德福里克就創建了一個「Otium悠閒促進協會」。Otium是拉丁文，意思就是「平靜」或「悠閒」，他希望藉由這個社團讓大眾省思社會主流對於工作的推崇，並且透過舉辦聚會與活動促使人們改變想法。Otium協會至今依然存在，它甚至還有個網頁，不過這個網頁在設置二十五年後依舊處於「施工中」的狀態，「協會正慢慢運作中。」他笑著說。

就他的觀點看來，人們必須重新學習與自己相處，並維持好奇心，讓自己接受驚喜與出乎意料的情緒，用心去體驗那些時刻，才是真正的人生。

9. 懂得知足，既快樂又健康

滿足感不但會帶給人良好的心靈感受，對身體健康也是很有益的。具有正面人生觀的人活得較久，也較健康。

正向心理學家艾德・迪納（Ed Diener）說，能夠認同自己與別人的人，將會多出四至十年的壽命。他甚至更建議美國政府應該像不丹一樣，將「滿足」這個議題納入健康計畫之內。（請參考第一章裡「別人都過得比我好？」一節）他說：「多活的那些年是值得國家關注的研究結果。」

的確，四至十年的壽命真的不少，如果換成其他的方法，可能要花很大的力氣才能達到這項成果。公眾健康體系通常關注的都是肉體上的風險肇因，而我們也較害怕與健康有關的問題，但兩相比較之下，長期不滿足似乎是更不健康的事。戒菸、少喝點酒、以騎單車取代開車——沒錯，這些行為也能讓我們在一個充滿壓力的世界裡活得久一點，但滿足感不只能讓人好好享受人生，還能讓這樣快樂過日子的人，至少活了跟從事健康行為者一樣久的壽命。

難怪有研究人員認為，幸福就像是經濟地位一樣，應該被列為健康指標的關鍵。

快樂能降低心血管疾病五十%的風險

我們對自己的生活有多滿足？這個問題的答案不只會影響心理，如可能罹患憂鬱症等，也會影響生理健康。與之相關的探討，被研究最多的是心臟。這個器官會被視為「愛的所在」是有原因的，當我們的生活失控時，心臟的反應無疑是特別敏感的，甚至還會「心碎」。

在一九九〇年代初期，許多醫生還把「心靈苦痛會影響生理」的論點當成無稽之談時，日本的心臟科醫師已提出證據說明此言不假。他們有五位病人罹患心肌梗塞，但這些病患的血管並未變窄，也沒有心臟受到物理傷害的其他徵兆。但當時這些病人全都處於重大的人生衝擊中，其中一位女性必須面對喪偶的悲痛，另一位男性則剛離了婚。如今已證實，有大約一%至三%症狀類似急性心肌梗塞的病人其實罹患的是心因性疾病，學界也正式稱之為「心碎症候群」。

據研究指出，必須一直在工作、家庭或人際關係中面對壓力，以及長期對人生感到不滿足的人，罹患心肌梗塞的風險會增高至約二・七倍。此外，不滿足對心臟造成的影響等同於抽菸（二・九倍），也比高血壓（一・九倍）還要嚴重。反之，樂觀、滿足之人罹患心血管疾病的風險則降低了約五十％。

滿足與疾病的關聯性，其實是源於純粹的化學反應。因為壓力荷爾蒙會影響免疫系統，而免疫系統又與神經系統緊密相連，心理、神經細胞與免疫系統會相互密切合作，因此大腦信息可直接連結到免疫細胞，藉此改變身體原本防禦力的反應與戰鬥準備，而壓力荷爾蒙（如：皮質醇……等）則阻礙了免疫信息的製造，影響各種免疫細胞的活力，並削弱了身體的防禦。

除此之外，壓力還會使血液變濃稠，因此血液會凝結得更快，這原本是種很好的生理功能，但對於承受莫大壓力的現代人來說卻不是件好事。就進化的觀點來看，血液在打鬥時變濃稠是有益的，因為這麼一來，兩個穴居人為了爭奪獵物而產生的傷口便能很快癒合，人不會這麼容易就流血致死。然而，到了現今慢性壓力當道的時代，如果一顆本來就已受損的心臟，還必須持續經由已老化的血管送出太過濃稠的血液，這種生理的壓力反應將會對人體非常有害。

快樂讓人健康，健康也使人快樂

身體健康的人少病痛，也比較快樂；從另一方面來看，快樂且滿足的人則較健康。因此可以說，健康與快樂，這兩者是良性的因果循環。

當我們感到滿足時，對神經與免疫系統會產生好的影響。健康者身上的正面特質，如喜悅、幸福與活力，以及人生滿意度、希望、樂觀與幽默感，與低死亡率是有關係的，而且或許還會延長壽命。這種關聯性也適用於世界上絕大多數國家。

有一項調查訪問了超過一百六十個不同貧富狀況的國度，每個國家各一千人為代表，將該國GDP與受訪者年齡的數據相比較後，發現由各國人民對自己人生滿意度的評估中，可預估出該國家的平均壽命，而且壽命的長短是與滿意度成正比。

這樣看來，滿足感真的會讓人多活幾年，而長期不滿足就會使人減壽嗎？還是其實這兩者間根本無關？畢竟人們也可以透過其他方式延長壽命。如果一個人很健康，對他的滿足感也會有很大的幫助，就這點來看，滿足之人活得較久，也可能是因為他們身體狀況允許的緣故。

然而，英國科學家曾批評，諸多研究總是預設健康與滿足是會彼此交互影響的。他們最近在一項名為「百萬女性研究」的大型研究中，提出了「幸福、滿足與正面情緒，對人均壽命並沒有直接影響」的觀點。他們花了至少十年的時間觀察一百三十萬名婦女，這些女性在研究開始時平均年齡是五十九歲，而且在研究時也將她們的健康狀態列入考量，那麼她們滿足或幸福與否，對她們的平均壽命來說便已經完全不重要了，而以前的研究卻從沒充分考慮這點。

不過這份否定「滿足與幸福能延長壽命」的研究遭到了批評，因為受測者的健康狀況是由她們自行評估，而非透過實際的醫療檢查去驗證她們究竟有多健康，因此也可以推論為：與不滿足之人相比，那些滿足、樂觀的女性比較不重視自己的疼痛與不健康。如果她們真如自己所說的那麼健康，就會活到她們那個年紀應該達到的平均壽命。而「透過滿足感能延長壽命」這件事，也因此無法在統計數據裡獲得驗證。

總之，一般仍多認為，健康能使人滿足，而滿足也對健康有正面影響，進而又增強了滿足感，長此以往將可延年益壽。

此外，溫馨的友誼與和諧的夫妻關係對於滿足感也有極大的助益。對於那些大家公認有害健康的因子，如抽菸、高血壓、肥胖等，良好的人際關係亦具有與之對抗的效果。

猶他州楊百翰大學的心理學家朱莉安娜・霍爾特—倫斯塔德（**Julianne Holt-Lunstad**）曾有份報告指出，過度孤單會縮短人的壽命。她分析了一百四十八份研究，以及總數超過三十萬名受測者後發現，缺乏社交關係者的死亡風險，比擁有可靠朋友圈的人高出一・五倍，而且這與是獨居或與人同住沒有絕對的關係，而由一個人是否真正融入社會的程度而定。誰擁有真正的朋友，便擁有當個單身貴族的本錢。

社會溫暖與支持常常被低估，相較之下，工作對健康所造成的傷害則不斷被提及。沒錯，工作的確可能使人過勞、免疫力下降，但工作本身其實是件非常好的事，而且對健康極有幫助。工作對於能從中獲得成就感與自我認同的人而言，是一項重要的資源，因此它也具有極強烈的破壞力——失業（請參考第三章「滿足是一種性格特徵」）。

不滿足的人更容易出意外

滿足感居然還能令人避開意外死亡事故?!發現這個關聯性的芬蘭科學家在他們的雙胞胎研究中看到這個結果時，一開始也無法置信。然而研究證實不滿足之人不只會早死，甚至他們由於意外事故而死亡的風險，也比滿足者高出了兩倍。

在進行這項實驗的兩年後，芬蘭科學家再度針對高意外風險進行調查，事實證明：覺得生活得不愉快的人，非刻意死亡及不幸死亡的風險都非常高。在這項研究進行的二十年當中，不快樂的女性因意外而死亡的風險高達七・八倍，男性則是四倍。

針對這項研究，有個可能的解釋是：不快樂的人較不關心自己，他們會忽略健康，對危險也較不敏感，像是過馬路時心不在焉、垂頭喪氣。他們覺得活著沒什麼希望，人生也沒有什麼意思，對於會發生什麼意外事故，他們也毫不在乎。

這項推論不久後又得到英國科學家們的證實。他們做了一個研究，對象是一萬七千名年齡介於十七至三十歲之間的年輕人。其中特別快樂的，顯然也是每天對自己健康付出比較多的人。在北美洲、亞洲與歐洲的二十一個國家裡，都可以發現下面這些相同的現象：快樂的人比較少抽菸、較常運動、飲食較健康、不常喝酒，睡眠也充足，基本上就是更關心自己，因此他們的血壓較低、血脂數值較健康，體重也較正常，因此平均壽命可以上升。甚至，滿足之人還會更注意防曬。

不過，重視健康的行為也不能完全解釋滿足感帶來的延長壽命觀點。當芬蘭科學家不久之後再次研究雙胞胎時發現，根據人生滿意度可以預估一個人日後獲得殘疾撫卹金的可能性，就算長期處在那些眾所周知有害健康的狀態，如抽菸、喝酒與缺乏運動等，此結果依舊成立。也就是說，滿足感的重要性會超越其他因素，而使壽命延長。

然而若做出「樂觀與滿足會對壽命具有正面影響」的定論，一旦遇到生病的情況，這項論點就具有爭議性。有些研究證實，需要做冠狀動脈繞道手術的病人，如果能感受到被人重視與支持，那麼在術後很快就能痊癒，復發的風險也比較低。此外，做過冠狀動脈繞道手術十五年後仍存活的患者當中，和另一半關係良好的人數，是對夫妻關係不滿意者的二・五倍。

只是在重症的研究當中，並未發現這種關聯性。迪納表示：「或許如果罹患重症，那麼即使病人抱持正向心態，也無法改善病情。」他認為，雖然正面的感受可以讓一個人在承受巨大痛苦時改善生活品質，但是即使正面的心態會強化免疫系統，並且造成其他令人期待的效果，但對於非常嚴重的疾病如狂犬病或胰腺癌來說，尚不足以與之對抗。

現在的快樂，決定日後的健康

如果你快樂，而且你也知道自己快樂，就有可能在一段時間內變得更健康。

一項針對近一萬名澳洲人所做的研究發現，自覺非常幸福和對生活滿意的人，比較容易在數年後仍認為自己身體很健康，事實上他們也的確比較健康。

負責主導這項研究的內布拉斯加大學醫學中心的健康促進教授西亞普須（Mohammad Siahpush），對受測者提出兩個問題：「你在過去四週內覺得快樂嗎？」「整體而言，你對自己的人生滿意嗎？」兩年後，這些受測者已顯現出健康的差異性：那些在研究開始時覺得比較快樂的人，在兩年後比當初自認為不快樂的人要更健康。

「如果你現在對自己的人生感到滿意，那麼跟那些較不快樂但其他條件都與你相同的人相比，你更可能擁有一個更健康的未來。」西亞普須說，「我們還發現了一件事：如果你決心要變得更快樂，那麼你就會主動去改善自己的健康狀態。」

追求「滿足」的故事

平心靜氣：為何飽受風濕病痛之苦仍能感到快樂？

對一個成年女性來說，卡特琳・貝克的手實在太小了，只有在出於禮貌性的問候時，她才會伸出手來。但她不喜歡握手，只要一伸手她就會覺得很痛。

這位四十七歲、來自慕尼黑的金髮女子，看起來很快樂，她的容貌依舊年輕，但這不只是因為她那愉悅的心境所致：她之所以能維持近乎少女般的臉龐，是由於可體松的緣故。她每天都得服用這種藥物，否則將無法活命。

在貝克六歲生日剛過不久後，她的腿就毫無原由地突然痛了起來。她的父母四處尋醫，最後確診是風濕症，而且症狀很快就變嚴重了。如今她已動過二十六次手術，關節上的皮膚數次被移除，以便阻止不斷侵蝕骨頭的炎症。她的踝關節與手關節也變得很僵硬，甚至可能會惡化到關節再也無法使用。

她裝了人工膝關節、人工髖關節、人工手肘，「我全身都是鈦。」她笑著說，「如果我死後要下葬，當我化為灰燼後，會留下一堆金屬。」

頻繁的手術對貝克造成諸多妨礙，尤其是當她要受職業訓練與念大學時。她一直都很會讀書，但是在學期間偶爾必須一年動兩次手術，因此最後她並沒有拿到心理學文憑。然而她很清楚，相較之下，手術是更重要的：「手術讓我能夠繼續活動，還有跑步。」因此她做了一個平和的總結：「我在工作這個領域上是失敗的，但我在其他生活領域是很順遂的。最棒的就是，我可以自主獨立，並和丈夫一起生活。」

貝克之所以能那麼從容冷靜地面對很多事情，或許是因為她自小就發病了，每當其他人聽到她所遭遇的事，他們通常會說：我的天啊！你童年一定很不幸！但貝克則認為，這麼說雖然沒錯，不過這樣也是有好處的，因為當時年紀還小，不會提出太多疑問。孩子會接受「事情就是這樣」，也會試著從人生逆境中找出可能的光明面。

現在她是德國風濕協會慕尼黑工作小組的負責人，常會遇到其他風濕病患者。其中有人克服了病魔、痛楚與身障，但也有許多人始終無法好好面對現實，不願意接受自己的命運，不斷埋怨著病痛。

一個病人能承受多少痛苦，與他的心態很有關係，像是他是否覺得自己能克服病痛，又或是知道該如何去面對它。如果能善用自我放鬆的方法，透過如行為治療等方式訓練自己的心靈強度，和風濕病和平相處，這種人的疼痛將會減輕，最後甚至連關節的發炎現象都會有效緩解。

貝克認為她能夠冷靜面對重病的原因，得歸功於她的家庭。「我的家人真的很支持我，他們總是陪在我身邊。」她說，「我媽媽更是我的支柱，雖然她一定也覺得很絕望，但她從來不會讓我感覺到得到這種病是世界末日。」

雖然風濕病從未危及貝克的性命，但病發過程卻非常劇烈，以至於無法靠藥物來控制病情。一開始她是靠金製劑來治療，那是當時最新的療法，「不過後來我開始過敏，得將金子從身體裡取出，那個手術過程非常複雜。我躺在醫院裡很長一段時間，還得吞下一種非常噁心的藥物，以抑制副作用的產生。」她說。

有位不夠體貼的醫生曾冷酷地對她說：「總之沒有人能幫得了妳。」這句話令她印象深刻。「那是我第一次嚎啕大哭地走出醫院。」但即便這是很糟糕的經驗，她還是以正面態度看待：「從那時開始我就不再指望醫生了，我開始蒐集資訊，自己選擇治療方式，久病成良醫。」

靠著新一代的藥物「生物製劑」，貝克的風濕症終於有了進展。雖然風濕病還是繼續發作，發炎反應也依然存在，但她已經不會再覺得痛不欲生。「而且我很幸運，沒有產生藥物的副作用。如果除了風濕病之外還有一個敏感的胃，那就真的是悲劇了。」

風濕病最糟之處，是它會越來越嚴重，隔不了多久就又要開刀。貝克的人工髖關節已經使用二十五年，撐不了多久了。她的手指有時會腫脹，常常拿不住東西，而且要很費力才能彎下腰。這是個惡性循環。

貝克說：「我現在無法改變什麼，只能自問：我要如何讓自己適應越來越糟的狀況？我要如何再去做那些對我來說曾是很重要的事情？」此外，她學會認清、也不斷嘗試擴大自己的底線，畢竟沒有人能保證自己會永遠健康。

許多病人對人生會有一種很負面的態度，貝克表示對此她很難理解。「我了解他們生病了，他們很痛苦，也很沮喪。不過這種想法並不會帶你向前走，我們必須盡力做到最好。人生雖然不可能完美，但不能留下遺憾。」

PART 3

滿足，是可以學習的

10.「理想的自己」VS.「真實的自己」

「滿足」這件事很棒，也幸而它不是種感覺，這樣會讓它持久一點。但我們也不應該把它想成是一種情緒。

人究竟有多滿足，是由心中的拇指向上豎起或往下比來定奪。然而，我們如何看待自己的人生，只有一小部分是取決於我們當下的感受，絕大部分則是由心靈的感受而定。那是一種「心理狀態」，有期望與理想流動其中，也包括現實感、包容與世故。

滿足也是可以學習的。我們不太能左右幸福的狀態，或許除了透過時不時地做些美好的事情、身邊有個能讓自己感到開心的人陪伴，又或者偶爾咬著一枝筆，藉此讓嘴角上揚，（這不是笑話，刺激笑肌真的可以改善心情！）除此之外，幸福只能由偶發事件決定。但另一方面，滿足卻是我們可以主動爭取的，它與決心、意圖及覺悟更有關聯，我們只要知道滿足的技巧並且加以練熟就好了。

但這並不是指，我們必須對任何事情都要欣然接受，又或對所有問題皆視而不見。基本上，滿足並不能避免我們去經歷感到不滿足的階段或片刻。「正面思考」這樣的想法，幾乎已經是許多文化裡的共通守則，但盲目的樂觀絕對沒太大意義。《失控的正向思考》作者、美國記者芭芭拉・艾倫瑞克（Barbara Ehrenreich）就曾感慨，她因罹患乳癌而感到絕望無助時，她的朋友卻告訴她，應該將病痛當成是種挑戰，想辦法努力克服。對這種唱高調的「安慰」方式，她感到非常生氣，並得出一個令人沮喪的結論：要求人們要正面思考，並且在每次失敗後都要立刻振作起來，這樣做最後都只有一個目的，就是：「人們應該在低潮中重拾動力，這麼一來，才能讓這個講求效率的社會繼續正常運作。」

當然，即使是傷悲、絕望、痛苦與憤怒等負面感受，都有存在的必要，但不斷自怨自艾與抱怨他人，自我厭惡又或對世界不滿，也會讓人失去自信心。如果抱怨會讓自己覺得愉悅，那也是不錯的發洩方式；不過如果一直受困其中，因而失去了人生樂趣，就應該做些改變。

自我檢測：橫跨於願望與現實間的鴻溝

一個人的滿足程度，可以藉由不定期做滿意度測試得知。若是我們感覺到心裡不滿足，其程度高低會藉由願望與現實之間的鴻溝深淺反應出來。當我們在內心為滿意度做總結計算時，這條鴻溝就無可避免地會被打開。

人生滿意度的自我檢測（請參考第二章「測試你的「滿足指數」」）已經可以解釋我們對於自己的整體生活有多滿足。接下來還要介紹另一項檢測，能幫助我們了解，自己對於「身而為人」這件事究竟有多滿足。

這個檢測不同於「生活滿意度量表」，並非經過學術認定，不過它能讓人了解，我們是否能滿足自身的需求，包括：有哪些性格特質對我來說是很重要的？這些特質有多少已經根深柢固，難以改變？我希望有所改變嗎？還是我覺得自己現在這樣就很好了呢？透過這些答案所總結的結果，將決定你的人生過得如何。因為「對自己感到滿足」是「對人生感到滿意」的先決條件，強烈的自我價值感就是滿足的保證。

步驟1 請勾選出所有你希望自己能擁有的人格特質，無論你是否能夠真正擁有這種特質。計算出總數，結果將會是落在0至100之間的某個數字，即數字X。

你希望成為什麼樣的人？

1. 積極的	□	10. 迷人的	□
2. 受尊敬的	□	11. 有優勢的	□
3. 吸引人的	□	12. 大膽的	□
4. 有耐力的	□	13. 實際的	□
5. 熱情的	□	14. 有雄心的	□
6. 自制的	□	15. 真誠的	□
7. 受歡迎的	□	16. 善解人意的	□
8. 能做決定的	□	17. 感性的	□
9. 有魅力的	□	18. 充滿活力的	□

19. 精力充沛的 □
20. 有責任感的 □
21. 熱情的 □
22. 果斷的 □
23. 放鬆的 □
24. 有成就的 □
25. 有實驗精神的 □
26. 外向的 □
27. 慷慨的 □
28. 友善的 □
29. 溫和的 □
30. 開心的 □
31. 有教養的 □

32. 有耐心的 □
33. 多愁善感的 □
34. 直爽的 □
35. 有正義感的 □
36. 認真負責的 □
37. 寬容的 □
38. 好看的 □
39. 品性好的 □
40. 真誠的 □
41. 樂於助人的 □
42. 想像力豐富的 □
43. 創新的 □
44. 聰明的 □

45. 機靈的	□
46. 愛交際的	□
47. 堅定不移的	□
48. 受約束的	□
49. 有創造力的	□
50. 狂熱的	□
51. 成就取向的	□
52. 討人喜歡的	□
53. 親切的	□
54. 有趣的	□
55. 有同情心的	□
56. 容易被說服的	□
57. 勇敢的	□

58. 愛思考的	□
59. 好奇的	□
60. 客觀的	□
61. 樂觀的	□
62. 有想像力的	□
63. 正面的	□
64. 口才好的	□
65. 冷靜的	□
66. 溫柔的	□
67. 對答如流的	□
68. 有自信的	□
69. 常勝的	□
70. 謹慎的	□

71. 細心的	□
72. 節儉的	□
73. 樂善好施的	□
74. 愛運動的	□
75. 強壯的	□
76. 自豪的	□
77. 勤勉的	□
78. 有邏輯的	□
79. 有活力的	□
80. 寬容的	□
81. 引導潮流的	□
82. 忠誠的	□
83. 有優越感的	□
84. 慎重的	□
85. 令人信服的	□
86. 長袖善舞的	□
87. 有進取心的	□
88. 認真負責的	□
89. 可信賴的	□
90. 易受傷害的	□
91. 相信的	□
92. 多才多藝的	□
93. 小心謹慎的	□
94. 熱心的	□
95. 心胸開放的	□
96. 意志堅強的	□

97. 好學的	□
98. 堅毅的	□
99. 易親近的	□
100. 目標明確的	□

總數＝數字X

步驟2 請勾選所有你認為自己所擁有的人格特質，但並不一定是你的主要特質，只要你覺得自己偶爾具有這些特質也可以。最後再計算出總數，結果將會是落在0至100之間的某個數字，即數字Y。

你是個什麼樣的人？

1. 積極的	□
2. 受尊敬的	□
3. 吸引人的	□
4. 有耐力的	□
5. 熱情的	□
6. 自制的	□

7. 受歡迎的	□
8. 能做決定的	□
9. 有魅力的	□
10. 迷人的	□
11. 有優勢的	□
12. 大膽的	□
13. 實際的	□
14. 有雄心的	□
15. 真誠的	□
16. 善解人意的	□
17. 感性的	□
18. 充滿活力的	□
19. 精力充沛的	□
20. 有責任感的	□
21. 熱情的	□
22. 果斷的	□
23. 放鬆的	□
24. 有成就的	□
25. 有實驗精神的	□
26. 外向的	□
27. 慷慨的	□
28. 友善的	□
29. 溫和的	□
30. 開心的	□
31. 有教養的	□
32. 有耐心的	□

33. 多愁善感的 □
34. 直爽的 □
35. 有正義感的 □
36. 認真負責的 □
37. 寬容的 □
38. 好看的 □
39. 品性好的 □
40. 真誠的 □
41. 樂於助人的 □
42. 想像力豐富的 □
43. 創新的 □
44. 聰明的 □
45. 機靈的 □

46. 愛交際的 □
47. 堅定不移的 □
48. 受約束的 □
49. 有創造力的 □
50. 狂熱的 □
51. 成就取向的 □
52. 討人喜歡的 □
53. 親切的 □
54. 有趣的 □
55. 有同情心的 □
56. 容易被說服的 □
57. 勇敢的 □
58. 愛思考的 □

59. 好奇的	□
60. 客觀的	□
61. 樂觀的	□
62. 有想像力的	□
63. 正面的	□
64. 口才好的	□
65. 冷靜的	□
66. 溫柔的	□
67. 對答如流的	□
68. 有自信的	□
69. 常勝的	□
70. 謹慎的	□
71. 細心的	□

72. 節儉的	□
73. 樂善好施的	□
74. 愛運動的	□
75. 強壯的	□
76. 自豪的	□
77. 勤勉的	□
78. 有邏輯的	□
79. 有活力的	□
80. 寬容的	□
81. 引導潮流的	□
82. 忠誠的	□
83. 有優越感的	□
84. 慎重的	□

85. 令人信服的	□	93. 小心謹慎的	□
86. 長袖善舞的	□	94. 熱心的	□
87. 有進取心的	□	95. 心胸開放的	□
88. 認真負責的	□	96. 意志堅強的	□
89. 可信賴的	□	97. 好學的	□
90. 易受傷害的	□	98. 堅毅的	□
91. 相信的	□	99. 易親近的	□
92. 多才多藝的	□	100. 目標明確的	□

總數＝數字Y

步驟3 計算出你的滿足數值：將Y代表的數字乘上100，再除以X代表的數字，就會得出你對自己滿意度的百分比。

（計算範例：假設你在步驟1勾選了80種性格特質，那麼X代表的數字就是80；步驟2勾選了50種性格特質，那麼Y代表的數字就是50，將50乘以100得出5000，再將5000除以80得出62.5，你對自己的滿意度就是62.5％。）

結果分析：

90％～100％：你對自己非常滿意，你很喜歡自己現在的樣子，也很肯定自己。你交友廣闊，而且通常過得不錯，精神與心理健康狀態也很穩定，多半能帶著愉快的心情完成目標與任務。

75％～89％：你對自己很滿意，只是缺乏少數你期望的特質，你的自我形象也很符合你對自己的期許。雖然你也喜歡別人擁有、但自己卻缺乏的某些特質，但這並不會太讓你困擾。

你和自己相處融洽，人際關係也很不錯，只是若你偶爾對自己感到不滿意，就會努力去培養那些你並不擁有、但卻很喜歡的特質。

50％～74％：即便你眼中的自己與心目中的理想形象不完全一樣，但你有很正面的自我形象。許多你認為的美德，你也會在自己身上看到。

不過你也缺少一些你喜歡的特質，也許你常因此而感到自我懷疑，並覺得痛苦，這會阻礙你善用自己的正面特質。

25%～49%：你缺少很多你認為的正面特質，這常讓你覺得難過與不快樂。你可以多想想自己擁有的，而不是自己欠缺的特點。同時也應該檢視一下，你的理想形象是否真的符合自己的想像。如果是的話，可以自問，是什麼事或什麼人妨礙你無法將那些令人羨慕的特質加以內化？或許你只是害怕去嘗試而已。

0%～24%：你似乎對自己非常不滿意。如果你過得很好的話，那麼一切都不是問題；但如果你因為負面的自我形象而感到痛苦，那麼尋求專業協助或許可減輕你的困擾。

11. 要改變，或是接受？

車子的輪胎漏氣了，房租又要漲了，已經連續下好幾天的雨讓人心情糟透了。每天都可能發生類似的煩心事，不過我們也可以讓自己平心靜氣地過日子，而不須心浮氣躁。

如果我們能以冷靜而正向的態度來面對霉運，那麼感覺就不會那麼糟了。例如你可以這樣想：

只是漏氣而已，雖然很令人懊惱，但備用車胎很快就能裝好！

或者我們甚至可以由那些倒楣事中，再找到一些正面的觀點：

還好不是昨天漏氣，不然我就得取消那個很重要的約會了！

房租雖然漲價了，但幸好我還付得起。

多虧壞天氣，我才有機會把那件漂亮的彩色雨衣拿出來穿。

從這些日常小事就可以看得出來，面對生活中層出不窮的不順遂有兩條路可選，一是接受已然發生的惱人狀況，因為反正我們也不能改變什麼（漏氣的輪胎、房租上漲、壞天氣），只能將我們能做的做到最好（穿彩色雨衣、多運動）；二是為了避免繼續生氣，我們必須起而行，動手解決煩人的事（換輪胎）。

心理學家提出能讓人獲得更多滿足感的「攻路」與「守路」：攻路是我們要化劣勢為優勢，化被動為主動，採取行動，盡力而為，期望終將能逆轉情勢，並使我們感到慶幸與滿足。而在守路上，我們會比較快樂，這是因為我們降低了標準，減少自身的需求。

我們不只會在遭逢日常生活中的逆境時會遇到這種選擇，在面對自身的性格缺失時也一樣。幾乎所有人都會在做自我檢測（請參考第十章裡「自我檢測：橫跨於願望與現實間的鴻溝」一節）時發覺，自己與自我理想形象不太相符。例如希望自己是個喜歡運動的人，卻發現當初買的健身房年票馬上就要過期了，而且用的次數不超過十二次；或者希望自己很有文化素養，年輕時立志要看完所有世界文學經典名著，結果至今卻還沒有把任何一本托瑪斯・曼的著作看完；又或者希望自己能非常有自信地面對眾人，但是在討論問題時卻往往只是保持靜默，不敢表達意見。

就這些情況而言，除了自己之外，父母也可能要負起責任。父母或許因為不斷叨唸，不但導致孩子內心產生了不好的自我形象，也未更進一步敦促孩子養成閱讀的習慣；又或者當他們只要發現孩子懶得做運動，不但縱容孩子的怠惰，還主動立刻幫孩子取消課程的報名。

不過追究責任並無法改變什麼，只會讓人感到懊悔。但能確定的是：如果我們實在無法忍受自己的缺點，真想有所改變，也對那些錯失的良機感到扼腕，那麼失落、不快樂的感覺，對我們來說已經變成一種慣性了。

的確，有些現實的發展是我們無力改變的。像是一個年過六旬的上班族，即使工作已無法讓他有成就感，但他也很難轉行再從頭開始了；一個女人若到了四十五歲還沒當上媽媽，那麼她這輩子可能就難以如願了。另外，我們身上也有許多根深柢固的性格特質：一個個性靦腆害羞的人不會去當派對小丑，即便他很羡慕這種表演工作；一個天生散漫的人可以盡量提醒自己做事要多用點心，但他不可能幡然變成一個謹慎負責的人。即便如此，我們還是有可能拉近理想與現實間的距離。

我們如何處理煩心事或個性上的缺失，決定權還是掌握在自己手裡。是要繼續傷心難過，或是讓怒氣天天相隨，又或者我們能否下定決心和現況和平共處，轉而藉由改變心態來擺脫負面感受，這些事情我們都有決定權。即使我們讓一切維持原狀，決定繼續困在消極、不快樂的世界裡，那也是我們的選擇。

每個人如何面對一個事件、一項責任或一種特質，都是他所做出的決定。例如，假設你有一個不怎麼想去的邀約，比如下班後還得約人談公事，或是和煩人的鄰居碰面，但即便如此你還是依約前往，那是因為在心中兩相比較後，拒絕碰面似乎是較不好的選擇，因此你才會前去赴約。

幫助你決定該前進或後退的四個問題

當你面對該進或退、該去或該留的抉擇難題時，首先該衡量真正讓你感到困擾的問題點：我究竟該不該放棄？也許我從抱怨當中也可以獲得力量，又或許其實我非常適應這種原地踏步的狀態，因為這表示我不需要無止境地追求，以滿足自身的欲望。

不過如果停滯不前讓你感到苦悶，而且你也真的希望能有所突破或改變，那麼就可以在攻路或守路這兩條通往滿足的道路上選擇一條行走。

究竟該改變現況，還是接受現況呢？我們要學會權衡在個別情況中，哪條通往滿足感的道路是較明智的選擇。

請給予我冷靜，去接納那些我無法改變之事，
請給予我勇氣，去改變那些我可以改變之事，
請給予我智慧，去分辨萬事。

這則在二戰期間，由美國神學家雷茵霍爾德・尼布爾（Reinhold Niebuhr）所撰寫的寧靜導文，至今仍幫助無數人找到平靜、勇氣和智慧。要在人生中每個糾結時刻做出接納或對抗的決定，是極為困難的。為了找到答案，你需要在心中歸結分析。例如利用以下的問題來進行。

問題 1. 讓我感到不滿足的原因是什麼？

要回答這個問題，首先要有正確的自我認知，並做出符合現實狀況的自我評價。在誠實回答第六十五頁的滿足指數測驗後，便已是朝這個方向跨出了一大步。法國偉大的哲學家盧梭早已指出，人們多半缺乏健康的自我讚許，因為他們都是以別人的眼睛去看自己。古希臘羅馬時期德爾斐城的預言家，在朝聖者進入神殿前提出「認識你自己」的警告，是有其道理的。只有坦誠面對自己的人，才能改變那些真正讓他困擾之事。

此外，我們也要看清問題根源，以做出正確的評估，像是：那件事困擾我嗎？或者它困擾的其實是我的丈夫／我的父母？

問題 2. 困擾我的事物究竟是真實存在，或只是我自己想像出來的？

在回答這個問題之前，要釐清一件事：我們所做的歸結分析是正確的嗎？也許我們根本沒有自以為的那麼厭世、被動，又或許總是被別人認為特別有自信的那些人，其實有著和我們一模一樣的問題。

我們如何看待自己，對自身的行為會有很大的影響，這點是從我們的外表就可以得到印證的：覺得自己充滿魅力的人，也會對別人散發出光芒。反之，這種情況用在負面看法上也一樣成立。

很多人以為想像中的自己就是真實的自己，因為他們說，不只他們認為自己冷漠、敏感又謹慎，就連他們的親朋好友也都這麼認為。聖塔芭芭拉加州大學的心理學教授迪保羅（Bella DePaulo）就說：「我們堅信對自己的看法是正確的，因此我們也會期望別人用同樣的眼光看待自己。」甚至我們會透過自己的行為舉止而讓親友證實我們所想的。

我們對自己的想法不但會強烈受到童年時父母對我們的態度所影響，也會全然相信別人所看到的，因此不自覺就會影響其他人也用和我們相同的看法來看待自己。

就算周遭的人對我們的印象是與我們完全不同，我們也很少會發現。我們能覺知別人是如何看待自己，這種概念稱為「後設知覺」（Metaperzeption），會強烈受到我們對自己的看法所影響。也就是說，我們會透過自我概念來過濾從他人處所接收的信號，對方對我們所說的話、所做的反應，都會經過這樣的過濾。

德州大學的社會心理學、人格心理學教授史旺（William Swann）說：「人們如果感到自我懷疑時，會寧願知道正確的事實，也不要被錯誤地崇拜。」但有時我們會過度關注自身消極情緒的狀態，以為能從中獲得新的啟示或更多的理解。但這個過程很容易過度，達不到緩解情緒的目的，反而在腦海中重複播放那些痛苦的場景，讓自己感覺更悲傷、更憤怒、更激動。這是所謂的「思維反芻」，也是「強迫性思考」。

如果無法克制這種反覆不止的想法，就是憂鬱症的徵兆之一。這種想法是個很大的負擔，而且完全無益。若是能在這種時刻喊「停！」然後告訴自己：「此時此刻到底發生了什麼事？我現在覺得如何？如果我可以冷靜以對，或許在這種情況下我其實是可以非常快樂的。」

問題3. 我真的想改變不滿足的情況嗎？

古希臘時代斯多葛學派的哲學家早已說過：個人的煩惱並非來自事件的本身，而是源自對事件所抱持的信念，也就是你的自我評價。

我們對於某種能力的評價是如何強烈受到文化氛圍的影響，可以從「炫耀自己沒有數學能力」這個例子上看出來。「我在學校的時候數學一直很爛」，「算術完全不是我的強項」——說這些話的人絕對不是要自嘲。算術應該算是最重要的基本技能之一，但即便如此，我們還是可以因為不擅長數學而自鳴得意。不會算百分比顯然根本不是什麼缺點，或許甚至還可以有點自豪，因為我們是在告訴大家：我們不是書呆子，而是真正的知識份子，也許還有人文素養，我們成績最好的科目是古希臘文。

我們可能也會以同樣的方式告訴人們要如何看待我們的成績或成就：「我以前在學校的時候就不擅言詞，但我一直都很有說服力。」「我不是運動健將，但我的手很巧。」「我已經不適合去參加狂歡派對，因為我晚上十點半就已經覺得很累了。不過如果只有我們兩個人共處的話，我會讓你度過一個很棒的夜晚。」

類似的狀況還有，人們並不喜歡提到自己的年齡，因為他們對於「四十」或「五十」歲這件事，有著某種既定的負面想法。然而就這件事而言，關鍵在於我們到了那個年紀該如何好好生活。我們可以為自己依然身材苗條或容貌姣好而感到自豪，而非為時光飛逝而悲嘆。同樣地，一個沒通過高中畢業考的人，則可以為自己選擇的路而驕傲——雖然他們的人生就世俗看來有些所謂的「缺陷」。

聖地牙哥禪學中心（Zen Center）的禪師艾茲拉・貝達（Ezra Bayda）認為，我們不要那麼常妄下評斷與評價，不論對自己或別人都一樣。我們要練習走上那條通往滿足的攻路，學習認識自身的負面感受與負面觀點，並接受它們。他說：「我們的確可以斷然拒絕負面情緒，但是這麼一來我們的情感財富就會減少。」

比較好的做法是，去和那些不可愛的事物交朋友，又或是寬容看待自己與過往的錯誤，像是：「對呀，我昨天又吃太多了，不過我現在還是很高興能吃到那麼多美食。」

問題4. 我能做些改變嗎？或者我願意學習去接納嗎？

在第二與第三的問題都回答「是」的人，便來到了一條岔路，往左轉是攻路，往右是守路。

我們可以在遇到瓶頸、逆境與厄運時，讓情況變得更糟，又或是可以化危機為轉機（請參考第十四章「達到滿足的配方」）。如果我們一心只覺得它們很糟糕，情況將會如你所預期，變得一落千丈。在無法改變現況的前提下，我們還是可以修正自己的態度，讓之前所設定的目標因應現實狀況做出調整。而且這樣做不一定會讓人痛苦，因為對自己或人生期許過高的人，終會體悟成果往往會不如預期，理想與現實之間的鴻溝是無法跨越的，進而修正過高且不切合實際的期望。

此外，一個人自我價值感的多寡和個人成就的高低有關。成就越大，就會產生更多的自我肯定，同時期望自我超越的欲望也就越強。想要得到金牌的人，不會和銀牌做朋友，因此嚮往成功的人若自我價值感薄弱，將會覺得很痛苦，而過低的自我價值感也無法激勵他成功。

適時地堅持與放棄

在面對挑戰或困境時，不論採取的行動是奮力反抗或默默接受，兩者都各有其優點與陷阱，只是我們更容易辨別出攻路的優點，那就是：它可以讓我們獲得快樂和滿足。

雖然攻路是條辛苦的崎徑，但走這條路，會讓我們比較容易獲得他人的肯定與支持，因為在我們的文化裡，勇於進攻會比消極退守獲得更多的認同。攻路是屬於年輕人的開創性路線，因為對年輕人來說，這世界有很多種可能性。他們希望、也認為應該在人生中再完成些什麼，因此現實與理想間的鴻溝對他們來說是種鞭策，如果他們太常滿足現狀，必定就不會再勤加學習，也會停止進步。

然而，攻路自然也包含失敗的可能性。如果我們沒有達成既定目標，極可能會灰心喪志，降低自我價值感，最嚴重甚至會導致憂鬱症。因此我們務必去衡量何時投入是值得的，而何時克制住是較適當的，才不會在一場無望的戰爭裡失去自我。

從另一方面來看，攻路也可能是種逃避的方式。因為抵達這條路的盡頭時，我們未必會擁有原先企盼的願景。我們可能和那些不安於室的人一樣，不斷更換伴侶或工作到頭來卻仍不滿足。

來自德州的管理學教授溫蒂・博斯威爾（Wendy Boswell）曾針對職場做了一項研究，訪問主管階級的職員，結果顯示轉職跳槽所帶來的滿足感只會持續一段極短的時間，差不多在踏入新工作一年後，這種滿足感便會逐漸減弱，這是所謂的「蜜月宿醉效應」（honeymoon hangover effect）：起初會對新工作表現得特別有熱忱，也會謹言慎行，小心翼翼地與同事、主管相處，並努力完成任務，不過之後情況就會逐漸恢復常態，容易被激怒，也常會感到沮喪。博斯威爾說：「我們會發現，草到了新工作那裡也不會長得比較綠。」因此，換工作這件事真的需要慎思熟慮。

在選擇該走哪條路時，我們也必須考慮到，改變是否真的會讓我們感到心滿意足，又會付出多少代價呢？或許我們還是和之前一樣，多年來一直都想要有間別墅，不過這也意味著我們必須背負巨額債務，這樣真的值得嗎？如果要為夢想付出很大的代價，那麼守路可能更值得去執行。

為何使用社群媒體會讓人不快樂？

只是，守路的每一步也潛伏著滿足的危機，因為我們太容易落入「比較」的陷阱裡。

比較其實不是什麼壞事，它是種天性，也能讓我們保持進步。也因為如此，年輕人特別能由比較中產生驅力，激勵自己選擇走上攻路。

孩子也比較願意去嘗試、去學習、去失敗，這主要是因為他們看到其他人已經什麼都會了，自己也不能落於人後，所以想做到同樣的事。有一種大家所熟知的觀點，即小孩在剛出生時並不具有「競爭」的概念，而是我們這個講求效率的社會驅使他們去競爭的。不過這種說法早就被學術界推翻，幼兒教育專家表示：「即使是來自不太講求績效而較追求團結一致文化的孩童，也常常喜歡互相比較。」

即便長大成人後，我們仍繼續藉由與他人比較的想法，來了解自己是誰、我們需要什麼、什麼對我們來說是絕不可能實現的。比較也是條不歸路，尤其在現今可以公開比較的網路社群媒體上，許多人就是靠著與人分享他們的成就、聰明才智與想法而存活。這場競賽永無止境，結果就是：我們常常會敗下陣來，感覺沮喪，因為我們誤以為別人的生活真的就像在社群媒體上呈現的那樣美好。

不久前心理學家施奈德曼（Kim Schneiderman）才在她「今日心理學」的網站感嘆，社群媒體會造成「別人過得比較好」的幻覺，引發他人的羞愧或嫉妒，進而不斷上演著「比較與失望」的戲碼。然而人們在FB與IG上展現的，並非他們無趣且有時也會抑鬱的日常生活，而是他們人生中最美妙的時刻，或最接近他們夢想的場景。那是經過人們篩選過的生活，也是他們希望讓朋友想像他們人生的方式。當我們把自己的人生跟其他人「在臉書上呈現的生活樣貌」做比較時，往往只會讓你看輕自己，對自己大失所望。

人們很容易低估其他人的不快樂感受。法國哲學家孟德斯鳩就曾寫道：「假如一個人只是希望幸福，這很容易達到。然而我們總是希望比別人幸福，這就是困難所在，因為我們總把別人想得過於幸福。」

史丹佛大學的心理學者喬登（Alexander Jordan）曾以大學新生為研究對象，調查他們近來遇到多少正面與負面的事情。結果，受訪者全都低估別人遭遇到的負面狀況（「與人大吵一架」、「因為想念某人而傷心」），同時又高估了對方遇到的樂事（「和朋友出遊」、「參加派對」）。此外，學生們也高估了他們朋友與室友的心情，即便他們彼此很親近。結果是：特別低估他人負面情緒的學生，最常感到孤單，也容易深陷於自怨自艾中。

總之，面對現實的生活，我們應該找到一種最適合自己的活法，更要懂得回顧人生，並自我檢視下面的問題：我是否學到了東西？我達到自己設定的目標了嗎？今天的我是否比以前睿智、有自信、平和、沉著呢？對上述問題都回答肯定的人，就會對自己感到滿足。

追求「滿足」的故事

無子人生：明智的決定，放手的釋懷

瑪麗翁・史坦貝格和丈夫彼得決定要生小孩時，她剛過完四十歲生日。她在三十五歲時才認識她先生。剛結婚時，夫妻倆只想享受兩人世界，去世界各地旅行。不過後來她的想法改變了，在橫越印度的大旅行結束後，她暫停使用避孕藥，並做好當媽媽的萬全準備。然而她的肚皮卻始終毫無動靜，經期依舊準時報到，沒有卵子想在她的子宮裡著床。

於是史坦貝格去找婦產科醫生求援，醫生給了她荷爾蒙藥物。「我很快就懷孕了」，她事後回想這樣說道，「不過九週後就流產，我們很快就失去了這個孩子。」而且在後來，同樣的事情又發生了兩次。

每次小產後，這對夫妻就會更加努力做人，他們在身體和金錢上一次比一次投入得更多。起初是使用荷爾蒙療法，接著按照計畫行房，前一天還要嚴格禁酒。然後是利用人工受孕的方式，最後還借助試管嬰兒的技術。

然而沒有一次是成功的，大部分甚至根本沒懷上孕。偶爾成功受孕的胎兒讓她暫時有了當媽媽的感覺，直到她在經歷數週充滿焦慮的希望後，又再度遭受失望的打擊。

後來，兩人更為了代理孕母的事遠道去了趟布拉格。「如果我在幾年前聽到別人跟我說出國求子這種事，我一定會覺得這是個瘋狂的主意。」史坦貝格說，因為她在道德上是反對這種代孕方式的。小孩是由一個陌生年輕女子的卵子所生出來的?!除了她自己之外，這孩子還有個基因上的母親。這個女性之所以願意捐卵，是因為她需要錢，但她事後會不會後悔呢？然而這種種的掙扎與顧慮，都在瑪麗翁渴望生子的欲望中消失無蹤。

「我們幾乎都要付諸行動了，」史坦貝格說，「不過這時候我突然領悟到，我跟我先生都曾認為代理孕母是一種對女性的剝削，讓人無法接受。於是我們告訴自己，願望必須要有底線。同時我們也意識到，為了生小孩這件事，我們在人生中已經失去了很多，醫學上的不斷嘗試也讓我們越來越不幸福。」

他們之前就像喝茫了一樣，不斷加速前進，不願放棄。但命運總是用相當殘忍的方式奪走他們心中剛冒出芽的希望。在嘗試五年的生育醫學方法後，他們決定到此為止。

史坦貝格說：「現在聽起來好像很輕鬆，但要放棄生孩子的願望其實是極為痛苦的。我們有好幾年的時間幾乎都放在努力懷孕這件事上，耗費一萬歐元，深信只有孩子才會讓我們覺得幸福。」兩人花了好幾個月的時間才終於放棄當父母的想法，「每當我看到推著嬰兒車的女人，我都會感到心痛，我是那麼想當媽媽啊！」她感嘆道。

這對不孕夫妻後來尋求心理治療師的協助，身邊親友也給予極大的幫助。其實大家都鬆了一口氣，認為兩人終於擺脫如同吸食毒品般越陷越深的夢魘，他們也支持這對夫妻有新的人生規畫，好好享受兩人世界。

在歐登堡診所專門協助不孕女性的佩特拉・尼爾絲（Petra Neels）指出，生小孩或是為人父母是許多人的心願。當人們必須放棄這樣一個心心念念的願望時所產生的悲痛，旁人必須給予時間和空間。為那個未能出生的孩子舉行哀悼儀式，舉辦禮拜或葬禮，也會有很大的幫助。

佛洛依德是第一個提出「哀悼儀式」這個概念的人，他認為如果未能透過哀悼的方式表達憂傷，我們便無法擺脫另一個人、某個物品又或是某個想法，只有在體驗過痛楚後，才有能力再度面對未來繼續生活下去。哀悼最終代表的是清楚認識失去之物並接受這個事實，與之產生新的連結。

瑪麗翁和彼得也進行了哀悼儀式，他們在花園裡為每個流產的孩子都立了一個小小的墓碑。過了幾個月心碎的日子後，他們終於放下了想要為人父母的夢想。史坦貝格說：「現在的我們很享受回歸簡單的生活，不用再屈從那些『做人』的規定了。」

在決定結束求子計畫的兩年後，這對膝下無子的夫妻對於人生終於再度感受到滿足。

12. 放手的藝術

市場的攤商都快被那個老頭氣瘋了。那個老頭幾乎天天帶著一群年輕人晃到雅典城中心的市場，在每個攤販好奇地東瞧西看，總有問不完的煩人問題，但最後卻什麼都沒買。「你到底要幹嘛？」有一天攤販這麼問他。那位名叫蘇格拉底的老先生說出了出人意料的答案：「我只是喜歡看東西，但其實這些東西我都不需要。」

在將近過了兩千五百年後，對當年這位希臘哲學家所說的話至今仍然適用。尤其在逛百貨公司或在廣大的網路購物世界裡瀏覽時，更是如此。

像是感覺到你進食過快時，餐具就會震動的那款「Hapifork」智能叉子，又或是用來去掉雞蛋頂部蛋殼的蛋殼去除器，這些我們認為對自己有幫助、可以讓生活更美好，或光是擁有就感覺很好的東西，其實都只是我們心中的物欲在作祟。

要滿足十個欲望，還是該戰勝一個欲望？

一如盧梭所說，真正的快樂在於欲望本身，而非欲望的滿足。很多時候我們渴望能獲得的東西，一旦到手後便很快就失去興致。

放手，需要學習，不論是物品或心靈上的斷捨離。要放棄一個心心念念的願望，光靠一個簡單果斷的決定往往是無法辦到的。無論是放手讓想分手的另一半離開，或接受一張宣告我們與健康人生永別的疾病診斷書，這些告別都會讓人感到痛苦。但如果我們能預先做好承受離別苦痛的心理準備，就可以從中獲得許多力量，因為「放手」能讓我們不再沉溺於那個未實現的夢想，或是困在自怨自艾之中。放手就代表自由。

蘇格拉底絕對是「放手」的專家。這位哲學大師從未掛心自己的生死，當他被判服毒死刑時，雖然他再強調自己無罪，說自己既沒有褻瀆神明，也沒有腐蝕年輕人的心靈，不過他接受國家對他死刑的判決。他強調：「或許一切必須如此，我認為這真的就是命運。」出自對法律的尊重，他拒絕了逃亡的可能性。

就連要蘇格拉底喝下毒藥之前，他的妻子、朋友與學生都絕望地哭泣時，他仍在傳授哲學，並帶著放手的心態探討死亡的優點。「我們離去的時間已經來到了。我為了死，你們為了生，我們之中究竟誰選擇了較好的道路呢？除了神之外，沒有人知道。」他說。顯然那杯毒藥他喝得相當鎮定。

絕大部分的人都難有蘇格拉底的豁達與淡定，而且這簡直是神與人之間的巨大差距，令人望塵莫及。不過他絕對有很多值得我們效法之處，其中就包括對「放手」的觀點。

我們可以透過努力來習得放手。拿得起的人，處處都是坦途，放不下的人，處處都是迷途。放下的態度可說是「具有智慧與深入思辨的結果」。

人們會衡量執著或放手這兩者的得失。放下就如同哲學家馬丁・海德格（Martin Heidegger）所說，是「清算願望」的結果。人們理解到，放棄會換得某些美好的事物，如終有一天不再飽受折磨人的想法所糾纏，心靈就此獲得平靜。學習放手之人，也比較容易接納日後生命裡不可測的因素，不會再被人生中的狂風巨浪吞噬。十八世紀的德國文豪席勒也說過：「如果人們學會承受他所無法改變的，並且帶著尊嚴放棄他所無法拯救的，那將會很美好。」

多一些寬容，少一點挑剔，多一些理解，少一點爭執，多一些感恩，少一點抱怨。這樣做可以使人生中許多事情變得更容易，也會讓人更知足。相較之下，無法放下毀滅性想法以及總是負面悲觀的人，比較容易生病。而憂鬱之人常在負面情緒中堅守著他們的人生信念，這也是他們心理疾病的一部分。

不過，完全相反的做法也並不健康。凡事都無所謂，這種可有可無的人生態度，跟冷漠或失去意義沒什麼兩樣。這種自甘墮落的放手，是不可能達到人們期望追求那種充滿意義的人生境地。

緊抓不放是人類的天性

如果放手如此重要又能讓人獲益良多，為什麼人們會覺得那麼困難？為什麼我們往往寧可堅持在不舒服的情境裡受困，也不願做任何改變？答案就存在於我們的天性裡：因為人是慣性的動物，安全感與可信賴感是我們賴以生存的基礎，我們認為踏入未知領域就代表會有危險。

因此當要在既定狀況的已知苦痛與全新未知之間做出選擇時，我們往往寧願選擇舊有痛苦的那方，因為至少在那裡，是我們熟悉的地方，我們知道自己身處何處。所以我們才會積習難改，和對我們不好的伴侶湊合著過日，又或堅守著早已無法讓我們產生成就感的工作崗位。雖然改變可能代表我們可以向正面前行，但同樣也可能招來好鬥的敵人或未知的疾病，因此大部分的人會選擇慣例、常規與熟悉的組織架構。

在這背後所牽涉到的，是神經生物學的變化過程，以及對人類來說具有重大意義的依附關係。來自伯恩的心理分析學家暨社會學家卡塔莉娜・雷（Katharina Ley）指出：「緊抓不放是人類的天性，相較之下，放手卻是需要我們學習的。」人與人之間的依附關係，是在我們呱呱墜地時就開始的，無論何時，只要感到恐懼、不安時，我們的依附系統就會啟動，因此人們只有在確定自己是安全時，才敢涉足新的領域。

無論是失去所愛之人、放棄夢想或離開熟悉的環境時所感受到的心理痛楚，還是有人扎扎實實在我們心窩上打了一拳的身體疼痛，這時我們大腦產生反應的都是同一個區塊，釋出的也是同一種神經傳導物質——「P物質」，這裡的「P」就是「Pain」（痛楚）。所以我們會因為要避免疼痛發生後的痛苦，而採取逃避的行為。

相較之下，只有少數人能毫無後顧之憂地大膽當個冒險者。根據統計，喜歡追求刺激並樂在其中的人不到二十％，在這群刺激追尋者中比較有節制的人，是包容性強、具有好奇心，且有強烈求知欲的。而較極端的人則會主動去冒險，我們可以在攀岩社團、高空彈跳以及驚險刺激的遊樂設施上看到這些人；如果生活過得不順利的話，他們則可能淪為賭場與戒毒中心裡的常客。

一個人是否具有適時放手的智慧，不只由他的基因而定，也要看他的人生經歷。年幼時曾有過分離焦慮症的人，對於別離這件事，會比不曾經歷過分離苦痛的人更感到畏懼。不過，我們的依附系統始終都能接受新的安定依附經驗，因為這種穩定的感覺是我們所希冀的。如果有一天我們找到一個可信賴的伴侶或能陪伴終生的好友，那麼早期的創傷就能平復。

練習放手的一小步，讓自己邁出開闊的一大步

斯多葛學派代表之一的希臘哲學家愛比克泰德（Epiktet）是放手這件事的先驅，他建議我們，可以先從小處著手學習。

在《道德手冊》這本書裡，他建議讀者在每次的失去後都要體悟到，放手是

種崇高的良善，這對人生境遇的任何時刻都有幫助，而且也很值得為它努力。他認為：「先從微不足道的事物做起。如果別人灑掉你一點油、偷了你剩下的酒，這時便要想著：『沉著就是這麼昂貴，冷靜就是這麼貴重』，如果不付出代價的話，我們什麼也得不到。」這是要我們善用良機，在傷痛時做練習。如果小事能辦得到，那麼在往後遭受重大挫折時也能勇於面對。

當然我們也可以拒絕前行，守在原地不動，但是這樣做應該要有正面理由支持，而不是因為害怕改變。例如，與其杞人憂天地想著：「如果我和丈夫離婚了，我是否有足夠的經濟能力？我又會不會孤單寂寞？」而是應該鼓勵自己：「我只是想再經營一段更好的婚姻；我其實是愛我先生的，他也有很多優點。」

完美主義者必定會覺得放手特別困難，他們為成就下的定義，標準高到他們永遠無法到達的狀態；而且他們往往不只是家裡的暴君，同時也是個工作狂。不過即便是這種人，也可以學習放手的哲學，只要他們願意從跨出一小步開始。像是：有客人造訪時，不需將家裡整理到超級整潔，即使有一點小凌亂，也頗具人味；雖然工作還沒做完，但還是要盡量早點下班；刻意去做些隨興、不用花大腦的事；即使還沒完全準備好也可以從容赴約……等。我們必須學習在不盡理想的狀態下過平常的生活，只有留下空間給不完美，才能體驗到百分之九十的投入可能就已足夠。

如果真的無法放手、放下，不妨也可以先暫時放著。像是每天抽空安排一小段休息時間，或是偶爾偷閒一下。在忙碌的生活中，我們非常需要排出「什麼都不做」、「無事可做」的無聊與放空時刻，讓忙碌的心智安定下來。

有一種讓人練習逐步放手的方式，稱為「反思後的淡然」，也就是冷靜下來再思考，我們看待事情的角度就會不一樣，也會和這些事物保持距離，這有助於我們不再執著或偏執，而能對其他選項保持開放的態度。因為距離會讓人避免陷入心煩意亂的情緒中，使「放下」這件事變容易了。走到遠一點的地方看自己，會比站在原地看自己要清晰得多。

自我效能使人保持冷靜

一個人在面對困難與挑戰時，是否相信自己可以戰勝挫折、達成目標的程度，稱為「自我效能」。

擁有良好的自我效能可以讓人堅持不懈，最終克服難關，獲得成功與滿足。所以提升自我效能，也可以提升我們對生活的滿意度。

不過如果擁有過高的自我效能，則可能讓我們無法冷靜地看清楚事實。有行動力的人常自認已成功瞄準了方向，以致於很後來才肯相信，原來有些事情是不容動搖或改變的。然而為了能做到逐步放手，就必須有「改變能改變的，接受不能改變的」認知。

只要認為還有繼續努力的可能性，人們往往就還沒準備好要面對現實，因此人們很難接受自己不孕或生重病這樣的事實。一個堅強而有自覺的人，會先感受到的是不快的情緒，而非橫亙在眼前的阻礙與限制，因為只要他相信還有一線希望，就會堅持到底。唯有當他認清繼續反抗是沒有意義的，他的憤怒才可能平息。

為了認清可行性的底線，我們要學會正確評估情況，以及做出正確的自我評價。哲學家施密德（Ina Schmidt）說：「冷靜與自我認識是分不開的。」因此她建議人們最好在事情暫告一段落後，再練習放下的藝術。人們在自我省思及檢視自己的夢想時，需要時間將精神集中在自己身上。她以自身為例表示，現在面對困難時，她做決定的時間比以前更長：「如果無法下定決心時，我會先睡個覺，給自己一段平靜的時間，這樣不但有助於我解決問題，也會使我做出更好的決定，而且我覺得自己現在也更冷靜、更專注了。這是種進步。」

因此我們可以開始慢慢與自己的衝動與習慣保持距離，同時認真思考自己所設定的目標，這也有助於在「此路不通」時找到新的努力方向，以填補在告別後所帶來的痛苦空缺（請參考第十三章「遵循自己的目標」）。

在此要提醒的是，對要求完美的人來說，訂立新目標務必要小心謹慎，因為你可能很容易又再陷入自我要求過高的惡性循環中。例如有位經理，他為了讓自己放鬆壓力而參加網球俱樂部，但幾個月過後，他成為俱樂部裡球技最好的人，結果反而讓他的壓力更大了。

列出「放下清單」

禪修導師、「正念減壓」課程的創始人喬‧卡巴金認為，「放下」意味著我們不再想要強求或對抗某事，又或為了無望的事情繼續奮鬥。他說：「只有在我們能夠全面對困境有所認知，同時以接納的態度去觀看困境時，我們才可能真的放手。」

每一天都可以是放手的練習。期望自己能做到「放下」的人必須告訴自己：

一、事情並不順利，結果也未盡如人意，但是事已至此，如果還執著「為什麼是我？」這並不是一個好問題。

二、如果我接受這個結果，不代表我已經投降。放下可以是一種睿智的策略。

三、放眼未來，做出分析、推論與總結：如果我放下了，我會獲得什麼，又失去什麼呢？如果我不放下，結果又會如何呢？

四、我不想一直覺得很糟，我想要放手。我可以藉由嘗試換種角度去思考現況，改變內心的感受。

五、我不後悔自己曾經有那麼長一段時間都讓自己身陷在痛苦中，但當時的情況就是如此，我現在回想起某些事甚至還會心懷感激。

六、我知道放手會讓我心痛，但我依然決定要這麼做。我要為自己尋找新目標，這樣人生才能輕鬆一點。

放手意味著給人的想法一個新方向，不再執著那些讓人受苦受累的事物，並尋找新的視角，因為我們的注意力被那些痛苦的時刻吸引太久了，已經夠了。

追求「滿足」的故事

守財奴：比賺錢更重要的那些事

自從弗洛里安・羅依特將一小部分財產投入股市後，他隨時都會留意股票行情。當時是一九九八年，股價還處在讓股迷們亢奮的年代。

羅依特剛開始對股市產生興趣是因為他得到了一筆遺產。有位膝下無子的姑姑過世了，因此他突然有了十三萬馬克能用於投資。他從小就是個很節儉的人，相較於他姊姊總是一拿到零用錢就花掉，他則會把錢都存到銀行的兒童帳戶裡。

姊姊把她的那份遺產拿去度假，還添購許多衣服，羅依特則用三千五百馬克買了一套音響設備，剩下的部分他則希望盡可能做些能獲利的理財投資。對當時才三十二歲的他來說，他認為自己投資房地產還太年輕了，而且當時買股票也是非常好的時機，所以這個門外漢就以投身股市做為他理財學習之旅的開始。

看股價讓羅依特感覺很刺激，而且無論身在何處，只要有電腦，他都可以隨時查看。不久後，只要是沒有筆電和網路的地方，他就不去了。如果當年有智慧型手機，相信他查看股票的頻率也會像現在人們查看電子郵件一樣頻繁。

他也發展出屬於自己的股市投資策略，不需要再仰賴證券公司營業員的推薦。他變得大膽了，他希望能主動出擊，親自挑選績優股。股運亨通的他只有偶爾才會踢到鐵板，這使他更勇於冒險了。

之後，誠如大家所知，全球經濟衰退，股價不再一路長紅，但羅依特已經習慣把注意力放在「錢」這件事情上，他在生活各個層面也關注著如何才能獲利，像是哪一家電信公司的費率最划算？哪一間保險公司的保費比較低？哪一款刮鬍刀或吸塵器的CP值最高？他的心思完全被金錢綁架了。

然而，這世上絕大部分的人都是金融文盲，對於與投資相關的基本知識都非常薄弱，有關指數基金、投資組合與績優股等問題也是一無所知，更沒有人可以一直受到幸運之神的眷顧。羅依特當然也不例外，他開始接連遭受重大損失。

雖然如此，他仍試著自己操作股票，把所有的時間都投入股市中，眼裡只有錢的他，也沒朋友要邀約了，現在大家都稱他為「守財奴」。他覺得內心極度空虛。

在這樣的狀況下，誠如心理學家，同時也是抗壓教練的葛爾特•卡魯扎所建議的，應該「先釐清自己覺得重要的優先順序。」例如：是啊，我很希望把戶頭整理一下，把一些股票重新融資，但我也希望可以和朋友一起聚聚。接著再考慮：整併銀行帳戶究竟會為我帶來多大的幫助？難道朋友不是比「錢」更重要的嗎？

我們任何時候都能有自覺地做出判斷，做出不再耽溺於某事的決定。卡魯扎說：「在我們這個選擇多元的社會裡，我們迫切需要學會說『不』。就連對我們自己也是。」

終於有一天，讓羅依特頓悟的時刻來臨了，他深刻體認到：對於「追求完美」這件事的投資報酬率，在扣掉所有稅金與手續費後大大縮水了。如果他將獲利和投注的時間加以換算，賺的其實是辛苦錢，時薪也不怎麼高。

他發現，當個金融文盲也是不錯的：「如果我對這些理財資訊一無所知，我會感覺多輕鬆啊！」如果他就只拿放著不管的定存所產生的利息，在生活層面的收穫可能更多：每個月可獲得至少四十個小時的休閒時光，等同於一整個週末的時間！

漸漸地，羅依特越來越少去關注他的基金。一開始時他還積習難改地會每晚查看金融行情，但後來他對此也不再感到熱中了。如今他的錢都安安靜靜地躺在不同戶頭裡，在市場不穩定、經濟不景氣的環境下，股市本來就較難有表現，這意味著：投資不能心急，只能靜待好時機來臨。因此，現在正是善用時間好好過生活的時候了。

13. 遵循自己的目標

關注麥可・愛德華茲（Michael Edwards）的那些人，可以分成同情、看熱鬧的與尊敬幾類。但對愛德華茲而言，他只樂在被尊敬之中，其他的看法對他來說則無所謂。

「我知道我的成績並沒有『點亮世界』，但這些對我而言並不重要。」這位曾在卡爾加里冬季奧運會上聲名大噪，被稱為「飛鷹艾迪」的男人，幾年前在《亮點》（Stern）週刊上這麼說。

愛德華茲因為是冬季奧運史上跳台滑雪成績最差的選手而聞名。一九八八年冬奧時，這名戴著厚重眼鏡、小時候綽號是「四眼田雞」的英國人得到了最後一名。當年二十五歲的他，在前一年也參加了奧伯斯多夫的滑雪世錦賽，雖然他在這場比賽裡也是敬陪末座，但是身為英國第一位跳台滑雪選手，他跳出七十三・五公尺的成績，刷新了英國紀錄，因此獲得了進入奧運的門票。

原本是泥水工的愛德華茲為了參加奧運比賽，在沒有任何金援，也缺乏贊助的情況下，得非常辛苦工作想辦法籌措經費。他回憶道：「當時我窮到去睡牛舍，在垃圾桶裡找食物，有一次我還在精神病院過夜，因為那裡的床位最便宜，但最後我成功參加了奧運。我為自己設定目標，並努力實現夢想。我不想超越別人，而是想做到自己覺得重要的事。」

人生的快樂，來自有意義的生活

像愛德華茲，能找到自己真心喜歡、願意為之努力奮鬥的目標是值得慶幸的。但在達成目標後，許多人卻常忘記自己的初衷。我們從小就受到父母的期望、讚美及指責所影響，選擇與自己理想中不同的道路，只希望能因此光耀門楣，自己是否能感到快樂則不重要。

但大部分人對此並無自覺，往往來到人生的轉折點，或陷入危機時才會自問，自己究竟走在哪一條軌道上？因為之前被灌輸的那些想法與期望都太根深柢固了，如果我們膽敢離開那條事先規劃好的道路，就必須對抗自己內心的OS，而這些聲音告訴我們，我們做錯了、我們不守規矩、我們離經叛道。

如果某天我們突然意識到，對於自己所做的事感到多不快樂、不滿足時，心中必定會生起一股極大的空虛感。蘇黎士大學的動機心理學家薇洛妮卡・布蘭德施達特—莫拉維茲（Veronika Brandtstädter-Morawietz）說，即便我們至今為止對人生的想法全都非出於自願，但這些既有的目標也是有其優點的，它們支持著我們，同時讓我們的努力有方向也有意義。一旦支柱、架構與意義全都崩塌瓦解，我們便失去那長期以來一直努力的目標，感到茫然而無所適從。

因此，我們應該要有另一種選擇，那就是「找出人生的意義」。「意義」對滿足的人生是很重要的。人生該如何過才值得？只有少數人能在得過且過、渾渾噩噩的狀況下還是過得很快樂。心理學家認為，這種人活在「生存的冷漠」當中，他們過得很好，也並未信仰某種較高層次的存在，又或具有崇高的理想，他們不需要以此作為鞭策自己的力量。「然而這種人的主觀幸福感並不怎麼明顯，」在大學教授「經驗意義研究」的心理學家塔特亞娜・許內爾（Tatjana Schnell）說，「相反地，如果一個人覺得自己的人生非常有意義，那麼他極可能對人生感到很滿意，而且常常都有好心情。」她在一份研究中，探討了意義實現與意義危機對人類喜悅具有何種涵義。下面這個問題是很重要的：「是什麼讓我的人生有意義？」或者：「我追尋的目標為何？『我』究竟想要的是什麼？什麼對『我』是重要的？」

能看到人生意義何在的人，多半會比看不到意義的人更快樂、感覺更好。他們堅信的事情與目標，能給予他們力量，因此他們也更有韌性，這種特質讓人更能自困厄中恢復，也不會被困難擊垮，能撐過最黑暗的艱困時刻。

誠如猶太精神科醫師暨心理治療師維克多・法蘭可（Viktor Frankl）在被關在德國集中營時，領會到「賦予意義」這件事擁有的巨大力量，那是一種在最可怕的情況下仍能讓人企求存活的力量。他發現：在集中營裡那些放棄希望、看不到繼續堅持與存活意義的人都死了，能在恐懼中存活的，只有那些知道自己在集中營裡是為何而忍耐的人：他們希望能再見到家人、再重返工作崗位，也希望有一天還能參加舞會；或者像法蘭可，他的希望是能寫一本書。他更認為，人生的意義是罹患與治療心理疾病的重要關鍵，擁有願景、能從過往回憶中勾勒未來夢想，便是建立人生的支柱。

無論是面對喪偶、遭逢重大交通意外，或是面對國家內戰之人，人生的意義都是很重要的。幾年前芝加哥拉許大學的醫生曾針對大芝加哥區一千多位老年居民做調查時發現，如果有人說：「有時候我覺得，我已經完成人生該做的所有事情了。」「我以前都會給自己訂定目標，但現在我似乎只是在浪費光陰。」或「我覺得每天的生活既無聊又沒有意義。」這類對人生毫無希望與眷戀的話語，相較於人生仍有目標，且看得到自己存在意義的退休老人，其五年內的存活率比前者多出一倍。

人生的意義無法「尋找」，只能「追求」

為了給自己的存在一個意義，我們必須做點什麼。

許多人認為，他們只需要去「尋找」人生的意義，但美國心理學家卡什丹卻說：「這是錯的，意義並不會憑空從天而降。」人們應該自己去「追求」意義，而且，一個人在人生中所發現的意義，在另一個人身上未必適用，每個人都必須去親身感受。

人生的意義不一定要很偉大。我們可以自問，為什麼努力是值得的。這個問題的答案可能會隨著年齡改變，例如對年輕人而言，朋友是最重要的，但在年歲漸長之後，可能會變成是人生伴侶、工作，以及享受大自然。

只有當人生中各種先決條件都被滿足了，我們才找得到意義。這些條件如下。

自我定位

自我定位是即使在困境中依舊會屹立不搖的價值觀，例如蘇格拉底在被判處死刑這種極端的狀況下，因為出於對法律的尊重而拒絕逃亡。法蘭可也在「保持禮節與維持個人尊嚴」中看到了自己的意義——即便他必須活在敵人殘暴的控制下，任人踐踏其價值。集中營裡有些囚犯會竊取其他獄友的食物，但法蘭可卻是把自己的麵包分給他人，對他來說這意味著：無論一個人身處多麼惡劣的狀況，他都仍有一絲絲的自由：即便好好生存的權利被剝奪，他還是可以選擇該如何掌控自己，成為自己的主人。

歸屬感

如果人們自覺是群體的一部分，而且他們在這個群體中有能力去給予，以及被人需要，那麼便能產生意義。

根據心理學家馬斯洛的「需求階層金字塔論」，人們的需求有先後順序與高低層次之分，其中歸屬感位於需求的第三階層，在滿足溫飽、安全的需求後，自然會開始期待愛與歸屬感。歸屬感是生涯的原點，也是探索世界的出發點，讓自我有所「定位」。

關聯性

最後，人們需要的是與人之間的「關聯性」。

年輕時我們不是常關注弱勢族群，也期待能實踐社會公平正義嗎？但當人行至中年，曾經崇高的理想，早已被現實壓迫到灰飛煙滅，像是身為銀行職員，卻必須昧著良心地遊說顧客去做些愚蠢的投資……等。如果發現自己身處這種背離年輕時理念的矛盾，便必須停下來想一想，自己與昔日的初衷是否已漸行漸遠？如果要找回當時的理想，又該怎麼做呢？

與此同時，一時的幸福感受可能已經完全不重要了，如果我們決定放棄無法帶來滿足感的工作，重新為自己尋找新方向，那麼這或許就是那條通往關聯性、歸屬感與定位的道路。這是一條艱難而辛苦的路，當我們踏出那些賦予人生意義的步伐時，會因為成長和蛻變必須踏出舒適圈，而覺得不快樂。然而，我們最終能否對人生感到滿足，只有極小部分是取決於我們是否過著舒適安逸的生活。

更容易達標的技巧

為了在最後做出歸結分析時得出最適合自己的結果，有一件重要的事情是要設定合宜的目標，這有助於在機會來臨前先檢驗自己的實力與努力。與此同時，我們也應該抱持些許懷疑的態度來自我評估，因為我們很有可能一直都過度樂觀。此外，錯失某個良機也不盡然都是壞事，如果我們換個角度看待，或許就有完全不一樣的可能性。

上述的行為看起來似乎都很簡單：設定目標，行動，然後夢想就實現了。但困難之處在於一路上的諸多陷阱會對我們造成阻礙，尤其是當我們長期渴望達到某個目的時更是如此。因為我們至今之所以未能實現目標，必定事出有因；又或者遲遲不願踏出第一步，或許可能是因為我們根本就不想付諸行動。

許多人都有無法持之以恆的經驗。我們常聽到的新年新希望像是「我要多運動」或「我想減肥」等等，這些願望往往雷聲大雨點小，因為它們太不明確，而且我們的意志力也不會在跨過一年後就變得堅強。

因此我們應該訂定符合現實的目標，同時還要盡可能列出明確具體的步驟與進度，最好也可以將之量化。例如告訴自己：「好，我決定至少一週要上兩次健身房。雖然我並不是特別喜歡運動，但我可以在運動時戴上耳機，聽些能振奮人心的音樂來激勵自己，運動之後再用我最喜歡的連續劇犒賞一下自己。」

心理學家嘉比芮樂・歐庭根（Gabriele Oettingen）指出，設定目標時過度樂觀將會造成阻礙，不只是因為我們會因此無法看清困難與險阻，還可能會盲目地沉浸在未來預期達標的喜悅中，卻未能將夢想付諸實行。在她的研究中，那些比較積極的受測者，雖然顯現出期待能達成某種成就的野心，但事實上實現夢想之路卻困難重重，等到他們認清自己過於高估的能力後，便會思考該如何降低目標說服自己，甚至是就此放棄。

直覺有助於做出決定

為了設定切合實際的目標，我們必須根據自己的個性設定先後順序，並且放棄某些或許非常有吸引力的選項。

舉個例子。有個獵人頭公司打電話來，提供一個國外職缺，附帶條件有：明顯高於現在的薪資、讓人期待的工作內容、高升的職位，不過這代表你必須更常加班、背負更多責任，還可能會因為工作辛苦而不快樂，當然，你還得離鄉背井。如果你不是喜歡冒險的人，面對這樣的抉擇時，多半會很苦惱。

我們往往極難做出對生活影響重大的複雜決定，尤有甚者，我們連在義大利餐廳用餐，都覺得究竟要選比薩還是義大利麵就已經夠困難了（請見第八章「滿足心理學」），因為我們並不想為某些事情承擔責任。

或許我們希望成功，但老實說卻又不是那麼期待一定要升官，因為我們更深愛自己的休閒時光與溫暖的家。我們也擔心會做出錯誤的決定，而這種沒有把握的感覺是我們所顧忌的。

因此，要讓自己做出切合實際的決定，方法就是：少胡思亂想！其實我們很清楚究竟該做什麼才能讓自己快樂，又或是該如何找到自身的定位與歸屬感，而不至於感到困惑。

我們也比自己認為的還要有智慧，這種智慧就叫「直覺」。我們的第六感會以迅雷不及掩耳的速度，做出對我們有益的決定，而且往往都是正確的決定。

直覺看似神祕、非理性且有點玄妙。然而，在艾福特大學研究這種既吸引人，但又讓人心生懷疑的心理學家可內莉亞・貝曲（Cornelia Betsch）澄清到，直覺並不是什麼魔法，也並非無中生有。她說：「我們內心的聲音會回溯我們所有的經驗，也召喚曾有的反應模式、判斷與認知，而不需多加思索。」

相較於在極端狀況下會自行啟動行為模式的本能，直覺是種純粹的創造力，會使人減少評斷，而向偏愛的事物靠攏或做出決定。直覺也是一種與所有經驗共同成長的天賦，導致它會這麼深不可測的原因只有一個：因為我們不了解自己知道的究竟有多少。

這也是直覺常被污名化的原因。貝曲說：「很多主管或老闆覺得使用直覺是很丟臉的事，但他們的直覺對公司卻往往很有幫助，因為他們在自身領域已經擁有很豐富的經驗。」第六感是種最個人的知覺，像是公車司機與警察這兩種職業的直覺就完全不同；而當外行人無助地坐在棋盤前時，有經驗的棋手卻立刻就知道該移動哪個棋子。一個花上很長時間思考的冠軍，往往最後還是會回到他一開始的想法。就連專家在經過所有可能的沙盤推演後，也不一定能做出較好的選擇。愛因斯坦也認為，如果做事完全不違反理智，那麼我們將一事無成。因此慎思熟慮，只在進行全面評估後才敢做出決定的人，最終可能還是會失敗。

每個人都應該了解善用直覺的最佳時機，目標明確地使用第六感來做決定，而不該輕率，又或者是只因懶得思考就順從直覺。舉例而言，如果有人想買輛新車，但是對機械、零件等並不是很了解，那麼非常建議應該事前蒐集資訊，但也不必過度研究，只要這些機器能夠符合我們的基本需求就夠了，知道太多就是在浪費時間。

如果遇到某個特別困難的抉擇時，先預想未來的感受會有所幫助，例如：假設我選擇了這條路或者那條路，五個小時後的我會感到開心嗎？五個月之後呢？五年後呢？做過預想實驗的人將會發現，做出決定後的感受，很少會跟我們當下的感覺完全一樣。

如果直覺卡住了，有兩種解決之道。首先是轉換一下注意力，尤其複雜的決定更應如此。如果不執著當下的想法，而是利用轉念的方式，將更容易做出決定。如此一來，直覺便能安靜地運作，然後常常出其不意，像是在洗澡、做早餐或坐地鐵時，讓人靈光乍現。

如何提高工作滿意度？

工作是能讓人產生自我認同的重要因素，也可以帶來人生的意義，並且讓自己努力的目標變得更有吸引力。

很多人可能會覺得，自己的工作除了養家餬口以外，再也看不出任何更深遠的意義了。根據蓋洛普的調查顯示，全德國只有十五％的員工非常喜歡自己的工作，還有十五％的人的心理狀態已經像辭了職，其餘七十％的人則是在情感上與工作少有連結，這意味著他們只是因循苟且地在工作著。

然而即便是一個令人厭煩而疲憊的工作，人們也能夠從中找到賦予意義的方法。

「有許多不同的方式能讓人看見自己工作的意義。」波士頓大學的管理與組織學教授邁可・普拉特（Michael Pratt）這麼說。他講述了一個關於三個砌牆工人的故事。有人問這三個工匠，他們正在做的是什麼事。第一個工匠悶悶不樂地說：「我在疊石頭。」第二個工匠百無聊賴地回答：「我在砌牆。」但第三個工匠卻驕傲地表示：「我正在蓋一座大教堂。」這個故事告訴我們，我們如何看待所做之事，會讓同樣的事產生不一樣的面貌，而且每個人對自己工作的看法都是可以改變的。

普拉特說：「工作的意義並不在於『做什麼』，而是『該如何做』」每個人對於工作的想法與期待可能都大相逕庭。對這個人來說，意義早已存在於他所做的事當中；但對另一個人來說，他只想透過工作賺錢養家；而還有一個人則是看到了一個崇高的意義：他利用自己的工作做出了貢獻。

就這點而言，我們並不需要成為能濟世救人的醫生或充滿愛心與耐心的動物保育員，這些專業人士通常很容易在工作中找到自我認同。如果人們能夠在工作中善用自己的天賦，或因為自己的成就而獲得肯定，他們便能給予自己的工作一個重要的意義。

如果真要定義何謂好工作或壞工作，那麼，如何讓自己的強項真正發光發熱，就具有重要的決定性因素。相對來說，薪資反而並不是那麼重要。

如果工作對我們而言缺乏意義與動力，那麼我們絕對很難在工作中獲得快樂與滿足感。但出乎大家意料的是，工作中的成就並不會使人對人生感到更滿足，這點已由愛爾朗根—紐倫堡大學的社會心理學家安德莉亞・阿貝樂（Andrea Abele）證實。

她訪問了九百九十名上班族，結果顯示，只有當自己也以正面的態度評價一項客觀成就時，那種成就感才會讓人快樂。也就是說，滿足感主要取決於主觀的判斷，某人可能擁有一份讓眾人羨慕的夢幻工作，但是如果他不喜歡這份工作，那麼無論如何他也不會開心的。

我愛故我工作——讓工作更有意義的三大重點

沒有工作不委屈，不工作你就會更委屈。如果沒有工作，生活會是空虛的。一份有意義的工作能讓人獲得成就感與滿足感，即使是辛苦的工作，只要我們覺得樂在其中，也能「累得好愉快」。但如果認為上班有如勞役，工作時也充滿負面情緒，當然就會「累得不滿足」。

以下有三個方法，能幫助你主動創造工作的價值，找到工作的意義。

一、形塑你的工作。

人很難不產生職業倦怠。一項曾經令人樂在其中的工作，有時也會逐漸變得越來越無聊，直到你再也提不起勁來。

當我們自覺被工作困住，想找回最初的活力與夢想時，可以利用重新定義工作，包括在工作中納入你的動機、強項和熱情，協助自己跳出困境，重新找到工作的活力。密西根大學企管及心理學教授珍・杜頓（Jane Dutton）稱之為「Job Crafting」，即「工作塑造」。

例如，在一定的範圍內，老闆可以給予員工更多的發揮空間，即使之後有可能會增加他的工作量。另外，我們也必須找出自己究竟想要什麼，將之寫下來，並定期自我檢視：我們是否有進步？如果沒有，原因又何在？還有，每天要做能讓自己快樂的事，否則我們將會感到每況愈下，欲振乏力。

總之，我們要塑造工作，而不要讓工作來塑造你。

二、在人際關係上做投資。

杜頓說：「我們永遠不會在真空地帶找到意義，工作是非常社會性的。」與惡毒的同事共事是會中毒的，相較之下，只要花五分鐘和某個與自己關係好的人說說話便已足夠。

三、認為自己的工作是有貢獻的。

就算你只是做將帳單放入資料夾這樣簡單的工作，也是對公司與團隊有所貢獻的，因為每個員工都是某項任務的一部分。

追求「滿足」的故事

停止超時工作，也要懂得有效休息：為何太多空閒時間反而讓人不知所措？

四十五歲的安德莉亞・法爾克，在過去二十年來不斷努力後，如今已是事業有成的藥房老闆了。

在大學還沒畢業時，為了分擔家中經濟重擔，就讀藥學系的她就每天早起，到藥局打工賺錢。

在畢業後，法爾克成為藥劑師，擔任過數年的派遣員工，如果某處有人因病或度假而需請長假時，她就會去代班，因此她經常四處工作，在每個地方都會各待幾個月。透過這種方式，她累積了不少經營藥局的專業知識與相關經驗。到了她三十五歲時，她勇敢地實現成為老闆的夢想，以貸款方式先後買下兩間藥局。

她馬不停蹄地工作著，藥局營業額很不錯，貸款也逐漸償還了。這時她突然發現：自己已經不需要再事必躬親了！她的藥局十年有成，如今也有值得信任的店長坐鎮，她不必事必躬親也能運作得很好。於是她開始會在上班時間短暫地開小差，又或是忙裡偷閒去咖啡店喝杯下午茶。

剛開始，法爾克很享受不被工作綁架的一切。長年永遠是第一個到、最後一個下班的她，現在終於有時間按下生活的暫停鍵，告別匆忙病。但她漸漸變得有點懶散，對自己太好了。像是在陽光下享用卡布奇諾，又或是在明媚的好天氣去戶外走走，這些小確幸對她來說逐漸變成常態。她還會突然決定到義大利做個小旅行，或者乾脆賴在家裡一整天，什麼事都不做。

這種情況越來越頻繁，直到某天她驚覺，這樣閒散度日根本毫無人生目標。她的工作重擔的確減輕許多，但那些當初期待會因此獲得的報償與放鬆感也消失無蹤。「我並沒有利用這些多出來的時間做更有意義的事，也沒有像自己設想的那樣常做運動，或是訂出什麼計畫。」因為沒有時間壓力，凡事都可以等明天再付諸行動。就這樣，該做的事或想做的事，拖過一天又一天。

太少休閒時間誠然會降低生活品質，但太放縱自己，過於懶散無所事事，當然也不是好事。「生活的理想狀態是『剛剛好的閒暇時間』，也就是不要太忙亂，但也不要太空閒。」辛辛那提澤維爾大學的心理學家克里斯•馬諾利斯（Chris Manolis）以及德州貝勒大學的詹姆士・羅伯茨（James Roberts）這麼寫道。他們研究大量休閒時間對滿足感造成的影響，結果發現太多的閒暇時間會讓人不知所措。

法爾克也發現：「我越來越無法靜下心來，不但像個購物狂一樣，東西越買越多，也不斷尋找新的刺激跟嗜好，不過人生卻毫無進步。」於是，她決定在上班時間還是常到藥局去，並且告訴自己：無論是平常的休息時間或是度假時數，都不能比她的職員多。她也體認到，人需要紀律，工作與休息要輪流交替，不能偏廢任何一方。

現在，雖然她偶爾會覺得早上鬧鐘一響就必須起床是件苦差事，有時也會希望白天可以偷懶去處理雜事，但她禁止自己這麼做，「我要學習利用調配時間，掌握人生主導權。」

14. 達到滿足的配方

「幸福會降臨在人們身上。幸福就是命運。」詩人萊納・瑪利亞・里爾克（Rainer Maria Rilke）如此寫道。人們並不需要被動地等到自己被賜予幸福，比起偶爾才能感到快樂，我們可以做得更多，那就是：增加自己的滿足感。

「每個人都可以利用正向心態提升喜悅的程度。」心理學家索妮亞・柳波莫斯基如此強調。她長年鑽研如何提升心靈的喜樂，發現人們會在短暫的快樂、幸福與慶賀過後，才讓自己再度適應既有的滿足感設定值（請參考第三章「滿足是一種性格特徵」）。

除了柳波莫斯基以外，如今已有許多科學家都涉足了這個議題，並且發展出提升滿足感的技術，其中一個方式是：主動訓練能製造滿足感的人格特質與能力。

你不需全能，只要找到自己的強項

好奇心、感恩、樂觀與現實感等性格特質是可以練習的，甚至連生存的基本能力，如自信心、意義與希望也是如此。

美國心理學家、也是正向心理學之父的馬汀•塞利格曼（Martin Seligman），專長是憂鬱症治療。原本他像其他心理學家一樣，認為要幫助病人恢復健康，是要將治療的重點放在病人的弱項上，但後來他轉而關注人的心靈與病痛之間的關聯性，這項創舉被視為是正向心理學的誕生：心理學的核心不應再局限於人的情緒紊亂、精神官能症與精神疾病上，而應該多研究哪些特質能讓人變堅強、讓人生更有價值。

讓塞利格曼興起這種想法的，是他當年才五歲的女兒妮琦。當時他們父女倆在玫瑰花園裡，爸爸正忙著去除雜草，但小女孩對這項園藝差事卻毫無興趣，只是調皮地在花叢間跑來跑去。她頑皮的舉動惹惱了塞利格曼，便對著女兒大吼。小女孩一臉嚴肅地說道：「爹地，你還記得我在五歲之前的樣子嗎？那時我真的是個愛哭鬼，但是在我五歲生日之後，我決定不要再哭了，這是很難做到的。如果我可以說到做到，那你也可以讓自己不要那麼愛發脾氣。」

聽了女兒的話，塞利格曼呆住了。妮琦瞬間讓他明白了一件事：只要我們願意的話，就可以改變自己的性格，我們可以像訓練肌肉那樣訓練性格。他說：「我們應該多看自身性格的強項，而不要在意弱點。我們要了解自己的優點何在，並將之強化，同時發掘最能讓自己發揮強項的生活領域。」

不過為了做到這些，我們必須先找出自身的強項何在。塞利格曼研發出一套心理評量測驗，蘇黎士大學的人格心理學家威力巴爾德・盧賀更在德語區國家大力推廣這項測驗。

這份心理評量是由兩百五十四個問題組成，可測出每個人在科學家認為最重要的二十四種性格特質中，所具有的強弱程度。而且這個測驗只能測試自己的強項，而無法測出弱項。（在蘇黎士大學的網站上也可以找到這份測驗，只要花半小時回答問題，便能馬上獲知結果。）

許多做過這份測驗的人，會很高興看到一開始的結果寫著：「情感交流力九十％」、「好奇心八十五％」以及「感恩之心八十％」這類的正面特質，但是越往下看，他們的心情就會越低落。他們會發現，原來自己缺乏幽默感、沒有耐心，對未來也不抱任何希望！

我們對自己弱點的關注程度總是比優點強得多，這是其來有自的，因為從小我們從父母或老師那裡獲得的批評永遠會比稱讚多，長此以往，我們如何能自我肯定呢？如果大人們將能量用在孩子覺得有趣、會讓他開心，並能獲得成就感的領域，將會更有成效。

如果只看到自己的缺點和過失，就會很不喜歡自己，甚至討厭自己，覺得自己一事無成。

反之，能發現自己的優點與天賦會讓人更有自信。事實上，每個人都有自己的強項。在上述測驗的二十四種性格特質中，每個人都會有三至七個特別突出的項目。「我們應該善用天賦，盡量發揮優點，而不是去改善弱點。」——這是塞利格曼的信條。也就是說，我們要為自身的強項感到高興，並進一步加以強化，而不要對其他大部分沒那麼突出的性格特點感到絕望。

克服弱點常需要耗費龐大的時間與精力，相對來說，發揮強項不僅較輕鬆，也更容易在短時間內獲得成效。所以，與其耗費心力把弱項改造成強項，不如專注發揮強項，走出屬於自己的路。

許多科學家都證實，當受測者去增進那些他們原本就擁有的性格強項時，滿足感就會上升。在這樣的前提下接受培養親和力、好奇心或感恩之心等特質的訓練，只需幾週的時間便能使人生的滿意度提高，且效果可持續半年之久。

一個人能透過什麼方式獲得滿足感，這是非常個人的事情。但如果有一張能讓人遵循的配方清單，就能讓人練習如何滿足。而且，穩定的心靈是幸福人生的牢固根基，能提升滿足感的因素，幾乎同時也具有強化心理的功能，因此知足之人也會有絕佳的韌性，不太容易人云亦云，一味盲從。

並非所有提升滿意度的配方都與性格強項有關，其他還有像是找尋意義、增強決斷力，以及培養善良、自信心或自我效能感等方式。這些配方與性格強項一樣，都能透過練習來增強。

如果能在自己的性格強項中找到某些能增進滿足感的配方，或者將重心放在那些最能影響滿意度的性格強項上，如希望、熱忱、情感交流力、好奇心、感恩之心、勇敢與幽默感等，那麼性格強項的訓練將會獲得最好的成效，也確實能讓人更快樂。

以下是十七項跟滿足有關的練習，每項練習就是能讓人感到滿足的一種配方，希望能幫助你踏上更滿足的人生道路。

讓自己更滿足的十七種練習

一、情感交流力／愛

只有很少人能既孤單，卻又同時感到滿足。滿足的關鍵就是要擁有各式各樣不同類型的愛——對生命本身的愛；對大自然的愛；對動物的愛；對工作的愛，尤其是對人類的愛。

與他人相處融洽是滿足人生的基礎，極度滿足者與極度不滿足者之間最明顯的差別，就是他們與朋友、家人之間的連結強度。人們只有在有親朋好友陪伴時才是最滿足的，孤獨一人或者只尋求工作上的圓滿，基本上都不太能增進滿意度。

【滿足的練習】

- 多關心自己的人際關係，向其他人表達你的友善之意，花時間與朋友及家人相處，對新認識的人開誠布公。
- 盡量減少與人爭論，而是抱持善意與寬容的心態來與人相處。
- 如果有人忽略了你，也許他只是沒看到你罷了，又或者他正在趕時間。
- 擁抱一個你喜愛但不太熟的人。
- 保持笑容。

二、無私

付出與給予能產生正循環，因為別人會以更正面的態度看待我們，這樣又會使我們的人際關係變得更好。

此外，無私之人也比較不會只關心自己，因此他們心胸寬大，對人與事的包容性強，也喜歡正面的體驗，就如同充滿好奇心的人一樣。

【**滿足的練習**】

目標明確地幫助他人。但你不需為此付出鉅資，只要從日常生活中的小事即可日行一善。例如：把停車位禮讓給別人、將某個很吸引人的計畫讓給同事執行、在超市櫃檯前讓趕時間的人先結帳。

三、好奇心

好奇心是種令人悸動、興奮的不自我設限狀態。

好奇之人會拓展自身的視野，從事讓自己更進步的活動。他們凡事也會做最好的準備，做最壞的打算。但做壞的打算不代表消極的態度，而是當壞事真的不幸到來時，才不至於手足無措。

【**滿足的練習**】

每天做些新鮮事，像是和陌生人說話、到從未去過的地方散步、去聽一場音樂類型你並不是很熟悉的音樂會、試著煮泰國菜……等。

四、坦然

接納令人不快的事情，並在這種情緒低落的狀況下，還是讓自己與世界之間取得平衡。

能坦然接受現實的人都知道，某些起先給人負面感受的事情，事後回想是可以變得很正面的。遭逢挫折時，這類人不會那麼容易就把它當成對自己幸福的打擊，也不會說出「為什麼總是我？」這樣自怨自艾的話。

只有在面對生活中層出不窮的挑戰中能找到解決之道的人，才能吸取教訓，為下一次的危機預做準備，並由此增強自信心與心理韌性。

【滿足的練習】

人在遇到壓力、挫折難免都會難過鬱悶，但我們應該把情緒當成一種工具，不把所謂的負向情緒視為是負面的，而也不把正向情緒都看成是正面的。我們的快樂不必然就比悲傷好，一切都跟當下的情境有關。

如果發生不如你意之事，請告訴自己：「不到最後，永遠難說什麼是好，什麼是壞。」就算發生像離婚這樣的重大事件時，也請這麼做。也許在數年事過境遷之後，你對這件事的看法會完全改觀，因為你已經找到另一個更適合自己的對象了。能否因禍得福，就在你的轉念之間。

五、接納

當我們出現負面情緒時，如果越不去想那件讓你感到不快或悲傷的事情，或是越想擺脫某些想法與心情時，這些情緒越會隨機出現在我們的生活中。因此，人們不應該躲避悲傷的情緒，而是應該「學習如何與自己的各種情緒相處」。

負面情緒並不代表無法產生正面的能量，就如同雪梨新南威爾斯大學的心理學家約瑟夫．福加斯說的：「別擔心，就難過吧！」如果我們願意與無法改變的事情共處，在這種接納的狀態下，會比較容易面對憂鬱、壞情緒與悲傷，即使心情低落也能自我調適。

【滿足的練習】

當負面感受來襲時，讓它在你身上停留片刻，花些時間與它相處。你會發現，對悲傷、痛苦與失望所產生的恐懼，往往比這些感覺還要嚴重。只有心情具有正常高低起伏變化的人，才會感受到喜悅與幸福。

六、自信／自我價值感

滿足感與自我價值感有強烈的依附關係。對自己有較高自我評價之人，會相當滿意自己與人生，他們生活在令人滿足的兩性關係中，也擁有較高的成就。

強烈的自信心常伴隨某種程度的外向性格，這種性格與情緒穩定性同樣都和人生滿意度有關，因為一個不那麼容易失控，情緒擺幅是在高點與低點間適度移動的人，比較能夠承受不如意的結果。

此外，自信的人基本上期待的都是好事，體驗到正面之事也較多，這樣也會提高滿足感。

【滿足的練習】

測試自己的性格強項後（請參考第一七四頁「自我檢測：橫跨於願望與現實間的鴻溝」），將結果的上半部列印出來，這些就是你所有的性格強項。

然後把這張表貼在你的桌上或冰箱上，常常想一想自己的專長。你還可以把獲得的證照掛在辦公室牆上，或是在你的e-mail信箱中設置一個「讚美與成功」的資料夾，想想你人生中已經完成多少事。每天晚上回想一下今天有什麼事做得比以往還要好，也不要讓別人對你的批評往心裡去。

七、希望／樂觀

如果一個人相信一定會有好事發生，就代表他內心也充滿希望，基本上這樣的人也會對未來抱持正面的態度。有些人天性樂觀，他們不只心理方面特別堅強，也特別容易知足。

瑞士人格心理學家威力巴爾德‧盧賀表示：「樂觀與愛、感恩之心及熱忱同屬性格強項。」樂觀之人具有強烈的好奇心，也多半很有熱忱。他們敢於承擔，並相信所有事情最終都會有好的結果。

【滿足的練習】

以你正面臨的問題為例，進行以下幾個步驟的練習。

一、設想一下可能發生的最嚴重情況，以及能如何處理。
二、問問自己，事情會變成如你所擔憂般嚴重的可能性有多高？
三、寫下對此問題三種樂觀的想法，也思考一下，自己能從中學到什麼。

八、幽默感

幽默感並不光是搞笑，更是種有態度的風趣，也是面對人事物的超然觀點。

有幽默感的人可以從輕鬆的角度看待困境，他們懂得自嘲，化解尷尬，又或是幫對方找台階下。這些人不只會讓自己開心，也能帶給別人輕鬆快樂，而這又有助於建立一個穩定的社交網絡。

【滿足的練習】

有些人天生就很風趣，或許你不是這種人，但幽默是可以培養的。首先要學習的，就是不要對所有事情都抱持僵化而絕對的態度。

例如，你可以去看場幽默的小品或電視的喜劇片，並下定決心不要覺得這些節目很愚蠢，試著讓自己被它們逗樂。如果你覺得這些節目實在太侮辱你的聰明才智，靜下心來想想為什麼其他人會覺得好笑呢？笑點究竟在哪？請練習發自內心地為自己而笑。

九、冷靜

冷靜的智慧就是不帶任何批判的觀察。

當局者迷，旁觀者清。當我們面對難題時，如果能跳脫出自己的角度換位思考，就像看電影一樣，以觀眾的旁觀角度客觀看待事情，觀察自己的情緒，以及這些情緒帶給我們什麼感覺，就不會陷在不可自拔的困境裡。

【滿足的練習】

- 冷靜始自腦中。當你發現荷爾蒙開始沸騰時，先深呼吸，並靜心分析一下狀況：你現在能想到哪些辦法？這麼做的話結果會如何？如果你覺得別人在對你挑釁，有沒有可能對方根本沒有想要激怒你的意思呢？又如果你壓力纏身，想一想應該從哪裡開始著手進行，讓事情能逐步解決。
- 想像現在讓你義憤填膺的那些事情，在五年後你是不是還會如此氣憤，又或對你而言仍是那麼重要。這種「預想未來」的思考方式絕對會對你有幫助，你對許多事情的看法將會變得不一樣。

十、自我效能

自我效能是一種「我做得到！」的感覺。當我們覺得自己在面對不順遂的情況也能自我調適，或能進一步將之導往好的方向行進時，便會感到安心。

自我效能感強的人，不論對於工作或是人生都會更加投入，付出更大的努力，而且面對挑戰與挫折時，也具有堅強的意志力。

【滿足的練習】

回想過去你曾遇到的困境或危機，想想當初是如何克服這些狀況，以及成功之後你的感覺有多好。讓自己意識到克服這些挑戰後，自己會有何收穫，並告訴自己就算未來遇到難題，也依然能夠找到解決的方法。

十一、熱忱

熱忱會讓人產生動力，促使你不斷學習，努力實現理想。充滿熱忱的人活力十足，會帶著滿滿的能量朝目標努力，也喜歡找尋可以證明自己能力的場域。

這類人通常自我效能很高，擁有良好的人際關係。他們會自問：我今天可以做些什麼讓自己感到更快樂呢？此外，他們也擁有明確的目標，會全心投入自己的任務並加以完成，這會讓他們感到滿足，同時給予自己積極向上的力量。

【滿足的練習】

- 人生中重要的並非不斷完成遠大的計畫，而是要在日常生活中讓自己「動」起來，不論是身體或心理皆然，像是：以走樓梯代替搭電梯，藉此感受自己的身體；從舊嗜好裡發掘動力與新意，例如從塵封已久的箱子裡拿出小提琴，或重拾畫筆。
- 遇到瓶頸，難以下決定時，先試著讓自己放空，做些無關緊要的事，例如以自己下廚來代替叫比薩外送，或放下手邊的事情到外面走走。當受困的心智轉移焦點後，很可能就會靈光乍現地想出解決之道。

十二、價值／意義

一個能讓我們具有動力與熱忱去追尋的目標，必須要有其價值，並值得我們勇於追求。而這個目標，比起單純只涉及權力或成效的價值，其社會價值（如：信任與同理心等）更為重要。而且即使是社會價值，我們也必須透過自己的熱忱去予以善用。

只有無私的社會價值（如：信任、誠實、有禮、人性、利他），加上積極的人格特質（如：堅毅、動力、權能、熱於助人、公正與工作力）才能產生最大的人生滿意度。阿貝樂說：「同時擁有這兩種特質的人，會對自己的人生最為滿意。」因為雖然價值能激起人的動力，但只有性格特質才能讓人使用這種動力，達到他認為有社會價值的目標。同理，雖然工作上的成就也能提升人生滿意度，但是只有當我們身處的社會環境與自己的價值觀一致時，我們才會感到滿足。

從正向心理學的觀點來看，受到倫理影響的基礎道德，如：智慧、勇氣、人性、正義與中庸等，跟人類的天性（如：正直）一樣，也是很基本的特質。

【滿足的練習】

想想日常生活中有什麼事情是你不那麼喜歡，但即使如此你還是會付諸行動；以及你做了這些事是否有人將因此受益，還有自己又能獲得什麼。

例如，如果你不再做家事、不再為公司客戶提供建議，或者不再到養老院探望你阿姨，將會導致什麼後果。透過這種方式，你會明白你所做大部分事情的意義何在，或許你就會帶著更多愛或信念來做這些事。

但如果你所做之事沒有任何意義，就請放棄吧！

十三、現實感

實現目標會讓人非常滿足，就像運動員終於抵達終點時般感到欣喜。如果我們一直努力卻始終無法達標，一定會感到很沮喪，因此一個健全的現實感對滿足的人生有著很大的幫助。

紐倫堡大學心理系系主任弗里德里希．勒舍（Friedrich Lösel）說：「能夠貼近現實來評估機會與風險而不只是空想的人，擁有高度的韌性，同時也比較能克服困境。」此外，如果我們對人生的滿意度，或是個別領域的滿意度（如：工作或婚姻關係等），不抱持過高的期待與要求，也將更容易知足。

來自漢堡的婚姻治療師珊德拉・康拉德則認為：「如果你期望在二十五年後，與另一半仍能如同初戀時那麼喜愛對方，這麼想的人日後將會帶著恐懼與失望，目睹雙方每一次的分歧。」工作上也是類似的狀況：那些帶著理想主義投入職場的人很快就會感到失望；相反地，如果能理解即便是一份你夢想中的工作，也同樣會有令人失望之處，又或遭遇瓶頸，這類型的人比較能享受正向的經驗，而不會被逆境與現實的殘酷擊垮。

現實感通常會隨著年齡而增加，因為年歲帶來的人生智慧，會讓你在評斷事情時更接近現實。柏林大學創辦人威廉・馮・洪堡就曾帶著這樣的智慧談及：「大部分的人僅僅因為對命運提出了過度的要求，便使自己落入永不滿足的境地。」

【滿足的練習】

回想一下你人生中讓你懊悔不已的重大事件，這時候請不要自責：「唉，我當時真笨！」或是「我怎麼會做那樣的事！」當時的狀況還有你自己就是那個樣子，是無法改變的，將來你仍會遇到一些無法好好掌握的狀況，就連你個人的目標也無法每次都如預期地實現。請設想日後可能出現的困難，並思考因應之道。

十四、責任感

當我們把責任感與滿足感連在一起時，責任感乍聽之下感覺很有壓力，然而只要一個人不墨守成規或抱持完美主義，而是帶著喜悅與責任感投身工作時，便會讓他感到知足。

責任感的正面影響或可歸因於具有這種人格特質者多半也有較高的組織能力，這有助於克服日常生活中的任務，並且也會讓人更快樂。

【滿足的練習】

請更專注地完成你的任務與責任。我們每天都必須處理許多雜事，例如清洗碗盤、洗衣晾衣、整理桌面與文件，不過即便如此，還是能利用生活中這些平凡活動，提升心靈思想，進而提升整體幸福感。

此外，帶著責任感去完成日常事務時所產生的正向感受，將激起你的動力，同時也會讓你更謹慎地去完成任務。

十五、接受批評

最遲在我們進入幼稚園時，便會開始收到來自外界的評語，而這些評價並不一定全是友善的。如果我們能夠忍受批評指正，而且這些意見也是合理且具建設性，我們人生或行為也會因這種回饋而獲得改善。

面對批評，我們要先做到的是「面對」。負面評價往往與真相有關，這其實是考驗你能否「面對真實的自己」，進而接受「自己並不完美」的事實。

此外，在收到負面回饋時，我們也需要將針對「事實」的論斷和針對「個人」的評價分開。很多人往往會將客觀的批評解讀為對自己的個人批判，而不能接受那只是針對事實的個人意見。

就自省來說，即使我們以自我批判的角度看待自身的思維模式，並檢視自己的負面特質，如：「我就是缺乏組織能力！」「我不太擅長討論！」這樣也能讓人感到滿足，因為有自覺的人通常都很了解自己，因此精確的批判是有其價值的。

【滿足的練習】

「我不排斥批評，但必須是我喜歡的批評。」作家馬克・吐溫曾如此絕妙地揶揄。

如果我們喜歡別人的「批評」，當然能覺得心花怒放。畢竟誰不喜歡被讚美呢？但另一方面，我們也要站在第三者的角度，與對方提出的批評保持一定的距離，而不要把批評當成對你的人身攻擊。思考一下對方所說之事，不要立刻加以回擊。接著請帶著距離、站在旁觀者的角度，決定你要接受批評中的哪些部分，也許其中某個建議能讓你有所收穫。

如果他人的批評不是惡毒或毫無建設性的，那麼我們甚至要感激他們鼓起勇氣把想法表達出來。

十六、善意

儘管如此，我們還是應該不要過度批評他人。如果我們對於所有負面評語都過於認真看待，或者將所有稱讚都矮化成對方一定只是想表現禮貌，這對自己的自信心來說都不是好的策略。

表達善意不只會讓他人感到快樂與感激，我們對於自己釋出的善意也會提升自身的滿足感。總而言之，不論對於別人或是自己，我們都應多注意強項而非弱點。陶德・卡什丹也認為，滿足之人不會那麼愛批評或斤斤計較，也不會在乎一些些讓人不快的小細節，換句話說：他們拒絕追求完美。

【滿足的練習】

更寬容地看待自己與他人，不要道人是非長短，而是看到缺失時再做善意的提醒。

試著練習發現別人與自身的優點。現在就針對某個你不是特別喜歡的人，摒棄成見，拋開過度挑剔的苛責心態，寫下他的三個正向性格特質。

十七、感恩之心

羅馬皇帝同時也是哲學家的馬克・奧勒羅（Marc Aurel），是斯多葛派後期的代表之一。在他所寫的回憶錄一開頭，就先列出一長串他想感謝之人，包括他的祖父、父親、母親、老師以及其他許多同伴，他誠心感激這些人所給予之事。

感恩之心不只能強化身心的韌性，也能維持長久的滿足感。即便我們對某個情況有所抱怨，還是可以想一想，我們曾體驗過人生中哪些美好的事物；我們已經達成了什麼任務，以及為何事感到驕傲；我們曾經克服過哪些危機，以及如今的我們有什麼事情是比過去更進步的。也許我們會恍然大悟發現，某條曾走過的冤枉路或某個困境還是有其優點，能幫助我們成長，一如諾貝爾獎得主康納曼說：「學會珍惜你擁有的（或曾經擁有的）！」

仔細想想有誰或什麼事對我們今日的成就與生活的舒適提供了幫助，這也會讓人感到慶幸與滿足。此外，我們不要只把感激默默放在心裡，更要表達出來。

【滿足的練習】

- 每天晚上寫下三件你覺得感激之事，那些可能只是你生活中非常平凡的事，例如：今天發生了哪些好事？你對哪些細節心存感激呢？這樣的一張清單可能會讓一個在意批評的人，不再回想那些令人不快的批評，而只記得許多美好的回憶與具有建設性的建議。
- 在與人相處時要心懷感恩。如果有人幫助你，請將你的感激表現出來。此外，也可以寫信給那些你一直都想對他表達善意的人。

離開神經元路徑的道路

之前我們說過，當大腦產生思想時，信息會從神經元的突觸（神經元的信息輸出接頭）以化學信號傳遞給另一個神經元的突觸，此時兩個突觸間會建立一座思想信息的「橋」。每次有信號被思想「觸發」時，相關的突觸就會靠得更加緊密，信號傳遞的路程也就縮得更短。基本上，大腦內部是在重整神經元的通信路線，目的是建立有利這組突觸快速傳遞信息的模式，使我們將來更容易也更快速出現同樣的想法。

因此，如果你存有消極負面的念頭，未來這些想法就會經常出現，然後逐漸培養出負面思考的大腦。也就是說，消極負面的想法很容易形成消極負面的個性。

所以，我們要跳脫慣性思維在大腦神經元的運作方式。關於這件事，可以做的練習太多了，而且我們也會發現，在建構幸福人生的支柱中，許多因素是可以相互影響並訓練的。

大部分的滿足配方都有正面的反饋迴路，例如一個人行善會被感激，這會讓他更滿足，進而提高他再度去做好事的可能性。或是勇於挑戰的人，將獲得正面的體驗，因此他得到了更多能力與自主權，除了滿足感外，也產生較高的自我價值感，進而又更敢於去嘗試新的事物。

這種經驗會長期影響思維，北卡羅來納大學的芭芭拉・弗雷德里克森（Barbara Fredrickson）與湯瑪斯・喬伊納（Thomas Joiner）早在幾年前便發現，正面情緒會改變人們的想法與行為舉止，進而強化心理特質，如樂觀與韌性等。此時，舊的思維模式將被拋棄，人們將自動以更正面的角度看待人生。

但請注意！如果人們被困在負面思維模式裡，也可能會反過來建立負面的反饋迴路。神經細胞是很懶惰的，即便我們的大腦裡有上百兆的神經元連結，但它們卻永遠只透過相同的突觸來傳遞信息。因此很重要的一點是：一旦我們踏上新的道路並且接通新的思維，我們的想法就會脫離那些永遠都只會用負面角度看待新事物的神經元路徑。

結語

我們並非生而擁有幸福。幸福的時刻具有極大的魅力——無論我們的荷爾蒙是由於熱戀、成就、購物或吸毒後的迷幻狀態而引起了高昂的情緒，小確幸都只能維持一段極短暫的時間，在真實的人生當中，大幸福只有偶爾才會出現。

無論人生好壞，我們都必須要能夠面對。人類通往幸福的路徑是有限的，這是個優點，否則我們就會耽溺於幸福的喜樂中，而不會再有動力去做其他事。人生有高低起伏、快樂與悲傷、得意與失意，這種悲喜交加的真實人生其實是很棒的，它教會我們積極把握當下，並透過逆境自我訓練，以克服下一次的危機。我們的心態能決定，我們認為自己的存在是好或壞，以及我們對人生是知足抑或不滿足。

相較於不斷地抱怨命運，我們其實可以主動決定擁有更多的滿足感。有時這可能意味著，我們是出於理解或不斤斤計較而與現實妥協，不過有時我們也準備好隨時要據理力爭——尤其是在我們也有機會按自己的意思去改變事態時。

現代心理學提供許多睿智又實用的方法，讓我們能將各種通往更多滿足感的道路連接在一起。我們也因而能擁有更滿足的人生，感覺更加幸福。

謝辭

在書寫這麼多頁之後，終於來到尾聲了，真是件令人高興的事，但是我的謝辭還沒寫呢！還是乾脆別寫算了？也可以吧！

不過，表達感恩與謝意是會讓人覺得很滿足的。因此，我再次打起精神，帶著敬意去回想那許多給予這本書支持與幫助的人。這是一件很棒的事。

首先，我要感謝我的編輯卡塔莉娜・費斯特納（Katharina Festner），早在我們第一次合作《韌性》這本書時，我便對她對於豐富的出版經驗留下深刻的印象。當身為報社記者的我，有時候因為要寫兩百多頁的厚重分量而感到頭昏眼花時，費斯特納始終能綜觀全局，堅定而有把握地找出所有手稿中重複的部分，以及某些矛盾之處（其實也只有兩處）。

此外，我還要感謝我的文學經紀人米夏耶爾・蓋伯（Michael Gaeb），如果沒有他，我可能永遠不會開始從事寫作。他雖然不會催促我，但卻明確表示，在《韌性》成為超級暢銷書後，他很希望不久後就能看到我的新作問世。

當然還有許多專家學者讓我的寫作內容更加豐富，他們與我分享自己的研究成果和專業知識。尤其要感謝與我暢談他們的人生，以及與本書讀者分享個人經驗的那些人。無論是不願曝光的匿名者，或者是像卡特琳・貝克與菲力克斯・柯法德福里克這些使用真名的人，他們的經歷都使這本書更充實，也讓這本書更有人性與活力。

最後，最大的感謝，要獻給我的丈夫彼得・柯依勒曼斯（Peter Keulemans），他始終對我真心以待，為我在工作上的成就感到開心，並且把對我的要求降至最低限度。由於他的寬容，以及願意花更多時間幫忙照顧兩個女兒，才使我能寫出這本書。我們也因此感到更快樂、更滿足了。

CFH 0367

滿足：與其追尋幸福，不如學習如何知足

作　者—克莉絲蒂娜・伯恩特
譯　者—林硯芬
副 主 編—郭香君
責任企劃—張瑋之
封面設計—江孟達工作室

編輯總監—蘇清霖
董 事 長—趙政岷
出 版 者—時報文化出版企業股份有限公司
10803台北市和平西路三段二四〇號三樓
發行專線—（〇二）二三〇六—六八四二
讀者服務專線—〇八〇〇—二三一—七〇五
（〇二）二三〇四—七一〇三
讀者服務傳真—（〇二）二三〇四—六八五八
郵撥—一九三四四七二四時報文化出版公司
信箱—10899臺北華江橋郵局第九九信箱
時報悅讀網—http://www.readingtimes.com.tw
時報出版臉書—http://www.facebook.com/readingtimes.fans
法律顧問—理律法律事務所　陳長文律師、李念祖律師
印　刷—盈昌印刷有限公司
初版一刷—二〇一九年八月十五日
初版五刷—二〇二〇年一月二十日
定　價—新台幣三六〇元
（缺頁或破損的書，請寄回更換）

時報文化出版公司成立於一九七五年，
並於一九九九年股票上櫃公開發行，於二〇〇八年脫離中時集團非屬旺中，
以「尊重智慧與創意的文化事業」為信念。

滿足：與其追尋幸福,不如學習如何知足 / 克莉絲蒂娜・伯恩特（Christina Berndt）著；林硯芬譯. -- 初版. -- 臺北市：時報文化, 2019.08
面；　公分
譯自：Zufriedenheit : Wie man sie erreicht und warum sie lohnender ist als das flüchtige Glück
ISBN 978-957-13-7903-6（平裝）

1.幸福 2.快樂 3.生活指導

176.51　　　108012089

ISBN 978-957-13-7903-6
Printed in Taiwan